邓华◎著

可复制的保险成交密码

弯道超车

新 华 出 版 社

图书在版编目（CIP）数据

弯道超车：可复制的保险成交密码 / 邓华著.
—北京：新华出版社，2022.9
ISBN 978-7-5166-6426-1

Ⅰ.①弯… Ⅱ.①邓… Ⅲ.①保险业务—销售 Ⅳ.
① F840.4

中国版本图书馆 CIP 数据核字 (2022) 第 160984 号

弯道超车：可复制的保险成交密码

作　　者：邓　华

责任编辑：蒋小云		封面设计：异一设计	

出版发行：新华出版社
地　　址：北京石景山区京原路 8 号　　邮　　编：100040
网　　址：http://www.xinhuapub.com　　http://press.xinhuanet.com
经　　销：新华书店
购书热线：010-63077122　　中国新闻书店购书热线：010-63072012

照　　排：中版图
印　　刷：河北盛世彩捷印刷有限公司

成品尺寸：145mm×210mm
印　　张：6.5　　字　　数：124 千字
版　　次：2022 年 9 月第一版　　印　　次：2022 年 9 月第一次印刷
书　　号：ISBN 978-7-5166-6426-1
定　　价：48.00 元

序言
Preface

都 2022 年了，普通人做保险还有没有机会成功？

为什么我们每次跟客户讲保险的责任与意义，客户都毫无感觉，看不到我们背后"隐形的翅膀"？是产品的问题，还是我们销售逻辑的问题？

强调打造个人品牌的时代，除了传统的写名单、打电话，我们还有没有新的业务模式能够帮我们在这个行业弯道超车？

大家好，我叫邓华，我的行业成长之路可能跟每一位保险人都不同。刚开始接触保险行业时，我零基础入行。一无资源，二无人脉，却靠着线上拓客，3 个月达成了 COT

百万圆桌保费标准；2020 年，团队直增人力 60 人，实现弯道超车。

入行之初，我一没资源，二没团队，却在大量的从业实战中积累出自己的销售方法论。2021 年，我在抖音进行知识付费直播，为保险同行分享拓客和成交干货，直播成绩超过了 98.4% 的带货官，受邀参加多场保险公司和知名保险平台的分享邀请。

他山之石，可以攻玉。我想正是因为有所不同，所以我的故事可能会带给你不一样的思路和想法，帮助你走向成功。

在这里我希望通过我的第一本新书，记录下我的成长故事。与你分享我的销售和增员心得，帮助你少走弯道，绕过"火坑"。分享我打造保险人个人品牌一路走来的经验，给你带来新的启发和收获。

目录
contents

1

One

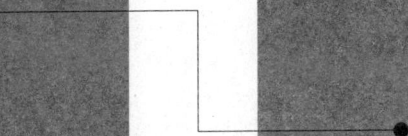

我的行业三部曲

2021 年，我作为受访嘉宾参与了中国首档保险从业者闯入式纪录片的拍摄，拍摄过程中，导演问了我一个问题："当初为什么会想去卖保险？"

说实话，这个问题我真的很难回答。因为当初入行的时候，并没有听过保险公司激情澎湃的事业说明会，让我相信年薪百万不是梦；也没有一位主管来告诉我他当年如何白手起家，华丽逆袭，他的成功是我也能做到的。我刚进入这个行业的时候，没有公司和团队系统性的培训，没有主管一对一的辅导。我就像是墙角旁的枯草，风雨摇摆。

但就是这样，一位新人小白也能在行业里一步一步闯到今天，弯道超车。所以我把我的行业成长经历总结成了：赤手空拳—弯道超车—逆风翻盘三个小节与大家分享，希望我的故事能够带给你力量。

赤手空拳：
无资源无人脉，毅然选择加入保险行业

以前觉得30岁离自己很远，没想到转眼即到。很多人迈过30岁这道槛，基本都会迎来上有老，下有小的"中年焦虑"。比起人到中年，职场半坡更可怕的是大多数这个年纪的人都在随便、随大流和随惯性，只有很少的人，真正知道自己想干什么，想要什么。

我出生在重庆的一个三线小城，周围叔叔阿姨那辈的人都觉得在不变的单位、有体面的工作，每个月能有

固定工资的人生状态是最有安全感的。他们会劝子女，稳定是福，平凡可贵，找个"钱多事少离家近"的工作，结婚生子，从此过完一生。

所以当我选择从公务员裸辞，进入保险这样一份"油腻"的行业时，周围的人都觉得不可思议："你该不会是被洗脑了吧？""你之前的工作那么体面和稳定，为什么要去'卖'保险？"

这个世界上没有真正稳定的工作，因为所有的事物都在快速发展。稳定只是假象，不稳定才是常态。那些追求稳定的人，最后都会失望。

之前我见过很多追求稳定的人，可能在40岁出头时，就处于半退休状态。每天一张报纸，一杯茶，整天抱怨的也永远是怎么单位的福利还不涨。没有什么成就感，也没有什么钱。只有父辈留下来的一所房子和一辆车。对于这些人来说，接下来的几十年里，无聊、恐惧、焦虑才将是最大的不稳定。

很多人嫌稳定的工作收入低，但做保险又觉得收入不稳定，有上顿，没下顿。他们觉得做保险最大的担心，就是没有客户！还没开始进入这个行业就畏畏缩缩；"我认识的人不多，保险到时卖给谁呀？"有这种心态的人，可能他本身就不适合进入保险行业。

梁宁老师以前有一段很经典的话："其实每个创业者都承担着这样的压力。好比动物世界里的羊寻找草是非常容易的，但它可能随时被食肉动物吃掉。食肉动物看起来威风没有威胁，但捕猎是比吃草更艰难的事，需要你努力拼搏和奋斗。"

做保险难道不就是一次创业吗？你嫌客户不好找，能否成交还不能自己控制，就好比食肉动物也不是天天躺在地上，就有动物主动送上门来。

隔壁麦当劳的工作就很稳定，"草"很容易找，但你又嫌收入低了，看不到未来，还是觉得"肉"好吃。记住，捕猎确实比吃草难，但这个世界站在金字塔顶端的，又有哪个不是食肉动物？人们的犹豫归根结底，还是一个字——怕！辞职转行，从头开始。创业注定是勇敢者的游戏，大多数人的职业注定从一而终，再苦也会熬到头。

我一直觉得房产中介、职场猎头、保险销售这三个行业，属于典型的门槛极低、上限极高的行业。其中保险行业市场广大，背后是无数家庭不断崛起的刚需市场，机遇不断，朝气蓬勃，在这种市场行情的影响下造就了保险领域里的一个个神话。

选择一个对的行业，朝着正确的方向去努力和奋斗，生活会给你最热烈的掌声。2021年，我在保险行业的收入相对于之前的"稳定"工作收入，有了几十倍的增长。那一刻，我才深刻体会到，我们要的根本不是铁饭碗，而是铁筷子，因为它让我们走到哪里都能拥有选择的底气。这是我当初要进入保险行业时做出的决定。如果你现在还在考虑是否进入这个行业，或者想知道增员面谈时应该如何与对方沟通，看别人是否适合这个行业，不妨试试我的1+3原则，希望对你有所帮助。

"1"是趋势，"3"是资源、能力、热爱。

首先看趋势，趋势不好，其他三项再强都没用。比如，让你现在选择做教培，你会去吗？一个行业前景堪忧，哪怕个人能力再强也注定无力回天。

那保险业趋势如何？它也并非人们口中动不动就说的朝阳行业，这个口号都喊了十几年了，又不是天山童姥，哪能一直朝阳。

我们就看是什么样的人才在涌入这个行业就可以知道了——以前都是找不到工作的大妈走投无路了才来做保险，现在硕士和博士来做保险，感觉都没什么可宣传的了。优秀的人才已经给你做出了示范，而且现在高学历的人才来做保险，其实都是降维打击。

判断好趋势后，再考虑资源、能力、热爱。比如，你之前是教培行业的老师，维护着一堆信任你的学生家长，说明你资源极好。如果又认同和喜欢保险这个行业，那不用说了，赶快加入吧，你有不错的启动资源，加上公司团队给你提供的专业培训，自然更容易成功。

如果你在当地本身没几个熟人，名单都写不出几个，社交能力一般，看到陌生人连嘴都张不开，也没有一个开月子中心的丈母娘给你介绍客户。那不用说了，转行，人脉资源太差，不是百分百没机会，而是你从业的难度会非常大。

1+3原则里面，"1"是底线，如果没有"1"，直接砍掉。至于保险电销还能不能做，这种问题我觉得不用多想了，你想现在有谁还会接陌生人的电话？

资源、能力、热爱，三项里面占一项，勉强能做。没资源、有能力、比如：以前的陌拜和现在打造个人品牌的线上拓客，如果你比较擅长这两个方面，依然有机会做好。我就是一个一无资源，二无人脉弯道超车的最好例子。

有资源，没能力，没关系。主管有耐心慢慢辅导你，做保险无非就是拓客和成交，成交能力只要你愿意学习，后期都能提升，多看几本心理学的书，多和行业内优秀的成功人士学习，学习别人的沟通技巧，销售思路，只要你愿意付出时间就可以了，前期因为能力弱，客户可能谈不动，单子可能会谈飞，但是只要客源充足，这些问题都是可以通过时间来解决的。

资源、能力、热爱三项里面要是占两项，可以放手一搏；占三项真的是天选之子，不从事保险行业可惜了。所以到底什么样的人适合做保险，绝不是一时冲动下的决定，而是深思熟虑下的正确选择。有人喜欢岁月静好，有人偏爱大河奔流，选择本身并无对错，关键是你想选哪一个？

弯道超车：

个人品牌崛起时代，给客户非你不可的理由

刚入行时，不太敢让身边的人知道我在做保险，周围亲戚朋友对我怀疑观望，总觉得我是为了挣一点外快，这事做不长。

那么，在市场完全为零，而且还没有公司培训，团队辅导的状态下，我是如何在这个行业快速成长的呢？

1.蓝海市场，跑在前面都有机会

也恰好是因为我当初对保险专业知识不甚了解，只能上网去百度查，或者逛知乎，才让我发现了自媒体的行业风口。

那时候自媒体才刚刚兴起，网上写保险内容的人少之又少。哪像现在，复制粘贴，一抄一大把，一边是对手少，一边是客户多，以前客户对保险信息的了解渠道，基本来源于走街串巷的线下业务员或者周围买过保险的亲戚朋友，但随着互联网的兴起，大量的80，90后客户愿意在网上来了解保险的更多信息，那我们要怎么办？那就把生意做到线上去！而且，2016年的国内市场，保险经纪人这个概念才刚刚兴起，是一片蓝海，加之市场性价比高的爆款重疾险也刚好在那时起层出不穷。尽占产品红利和身份红利，又有互联网自媒体的东风让我抓住了流量红利。为我获得了初入行业的第一批种子客户，作为行业小兵的我总算站稳了脚跟。

2.必须不停奔跑，才能保持停留在原地

互联网流量只是一时的，如果还只是停留在写几篇获客文章，以为就能在这个行业长远发展。那真的是大错特错，我做了这么多线上客户，回头来看，这类群体很难支撑我们在行业内长久经营，原因有两点，第一，信任感低，之前的成交无非是"他想要某类网红产品，而我刚好有"，但我的服务价值、职业价值，对方并不在意，也根本没了解过，所以你指望有源源不断的转介绍？难！第二，二次开发难度大，这类线上客户大多属于价格敏感型客户，月收入大多在一万元以下，其实很难有加保的空间。当时正是提前看到这一点，让我意识到，干保险必须几条腿一起走路，于是我开始迈出在这个行业打造个人品牌的第一步。

我们不能只做赚钱的事，还要做"值钱"的事。2017年我开通了自己的个人公众号。刚开通的时候，我并没有想到个人公众号有什么用，毕竟那时公众号的红利期也过得差不多了。我只是简单地希望，自己能把它

当成一个窗口，通过坚持写作，保持思考和组织语言的能力。我开始用文字系统地记录自己的职场或生活，去表达自己的思考。同时，这样也可以结交到更多三观一致的朋友，为自己的个人品牌背书，扩大自身品牌影响力，为自己的事业带来更多的帮助。

结果没想到通过这样的内容沉淀，反而打开了另一片天地。不仅认识到了一批优秀的同行，大家相互交流，得到了思维的碰撞和认知的提升，还得到了新华社等媒体的采访，提升了品牌度，与很多保险平台达成合作，通过授课输出，扩大了行业影响力。

回过头来，才发现公众号写作是帮助自己建立职场话语权的最好方式，从而实现相对领域的绝对权威。同时，这种方法也是提高和扩宽多维度竞争力的一个重要渠道。公众号也成为我平时和人打交道时的一种社交货币，对方可以通过了解我的公众号，第一时间对我的人设形成一个基本的概念，建立别人和我连接的价值枢纽，打造我的个人IP。

　　对方从我的公众号界面点进去的第一步，就能看到我的行业成长三步曲，了解到我的过去、现在和将来，就好比开启一个被动"三讲"模式，又放大了我的公开象限，能更好地让对方快速了解我。

　　在"个人IP"上来沉淀价值，通过持续输出有价值的内容载体，产生和我们流量客户的深度连接。我在公众号上更新帮客户争取理赔的案例文章，就能吸引到新客户的咨询，因为让对方看到了我的专业服务价值，我在公众号上更新介绍团队培训体系的文章，更新专业知识、销售技巧的文章，就能吸引到增员的加入，因为这让对方看到了你能给他进入这个行业带来什么价值。

　　一手持续拓客，一手沉淀个人品牌，转眼间就到了2018年，我又赶了短视频流量爆发的风口。我在抖音和支付宝开设了自己的保险小课堂，靠着短视频内容输出保险科普，又抓住了一次线上拓客的机会，在2018年年底的前3个月就达成了COT保费标准。

3.成功不仅仅靠运气

也许可能会有朋友说："啊，当初你运气真好，入场早，要是我也可以呀！"真的是这样吗？有句话说得太好了：机会就像水里的泥鳅，看到容易，捉到难。

机会往往是人人看得到，很多人也尝试了一下，然后就叹着气离开了。而且，绝大多数人对机会的理解是一伸手，泥鳅就跳上来了，再随便操作一番，就成了人生赢家。

你开始从事保险行业了，客户就全都找上门来了，哪有这种事？然而，大多数人最后选择放弃的理由也都出奇地相同：运气不好，成事在天。人都喜欢把失败外归因，从来不在自己身上找问题，总是觉得问题不在自己身上。

就像刚才那位朋友，别说让他抓破脑袋，可能也憋不出几个字；就算他文采出众，挑灯夜战写了上千字的文章，发现没得到几个赞，坚持不到两天，他也就放弃了。

我刚开始写文章的时候，3个月写了上万字，刚开始阅读量只有几十。我总是隔一会儿就看看屏幕，发现不过就两三个赞。做保险的朋友大概能体会到我内心的慌张和焦虑，而且当初我还是孤军奋战，连个给我打鸡血的主管都没有。

我曾经好几次想过放弃，现在回想起当初，真的就因为多坚持了那么一会儿，机会就来了！当初每天写文章，累吗？累。查资料，研究保险条款，做种种功课，写文章写到半夜十二点对于当时的我来说是常态。辛苦吗？吟安一个字，捻断数茎须。内容输出，你说有多辛苦？不过只要你努力坚持下来了，它的回报自然也非常丰厚。当然仅仅靠坚持就想弯道超车，也肯定不够，把握正确的方向同样也非常重要。

4.保险行业不仅要低头走路，更要抬头看天

我见过很多朋友进了保险行业，并且，也一直在

"坚持"。主管让他写名单，他就写名单；让他背话术，他就背话术；让他打电话，他就打电话。鸡血满满，糊里糊涂进入这个行业，没有任何成长，眼见着卖完一圈熟人就要坐吃山空了。

现在回想起来，我如果是按照传统保险从业的老路走，可能连第一步都迈不出去，毕竟我的缘故市场几乎为零，连名单都写不出几个。

老路既然寸步难行，就必须选择一条新的赛道。而大多数人是看不到这条赛道的，因为进了有些团队，一群人在一个狭小的生存空间里容易形成思维闭塞，认知固化。

你要是提一点质疑，他们会告诉你"怀疑是最大的成本"。你要是有一些想法，他们会告诉你只需要"简单听话照做就可以了"。思维局限，就玩不出新的花样。还是用十几年前的那套传统的方法来开展业务，先写100个名单，然后就开始打电话。电话邀约过后，就是一访二访加三访，促成+CLOSE之后就开始要转介绍。

　　大家用的方法都整齐划一。在流水线式的销售方法中，一个人要想从中脱颖而出，谈何容易。市场在变，竞争对手在变，客户的需求也在变，我们不能一成不变。就像70后同行开展业务时用的扫楼、陌拜那套老方法一样，现在你还这样去拓客，连小区大门都进不去。

　　以前的客户是60后，70后，对保险知识一无所知，所以需要业务员上门讲解，从"标准家庭普尔指数图"讲到"人生爬坡图"，讲清楚、讲好了，客户就觉得你专业。但现在不一样了，以健康险为例，主要以80后、90后为购买人群，他们喜欢什么？喜欢快餐文化，所以短视频会越来越火，一集影视剧能在抖音两分看完就绝不花40分钟去慢慢追。结果你的市场人群都变了，你还在讲什么"草帽图"，讲了半个小时，以为讲得够细、够专业，感动了自己，但客户早听得不耐烦了，那我们讲的东西都是对的，单子却签不下来，问题出在哪？出在沟通方式和逻辑没有跟上市场变换的脚步。

　　沿着旧地图，找不到新大陆。所以现在做保险，坚持固然重要，但拓客方式、成交逻辑也一定要与时俱进，而不能永远指望一招鲜吃遍天，多走出去向其他公司和团队有结果人的请教和学习，多看多听，才不至于让我们在这个行业原地踏步。

转眼就到了2019年，保险经纪人的产品红利和身份红利渐入尾声，大量保险资本涌入，互联网流量也将保险行业的红利瓜分殆尽。在这种情况下，是自己依然在这个行业单打独斗卖保险，还是建立一支专业化团队共同成长？

我在行业的每一步，并不是像外人看到的那样，次次都能踩对风口。2020年我迎来了自己在保险行业里的最大挑战。

逆风翻盘：

明亚两年，如何走出行业里的至暗时刻

　　在很多人的眼中，大家都觉得我是这个行业的幸运儿。一个零基础的入门者，刚刚入行，就稀里糊涂的踩中了互联网自媒体的每一次机会，从知乎、论坛到公众号，再到现在的短视频，一路顺风顺水，入行不久，年收入却能高达百万。

　　他们会说："你运气真好。"大多数人觉得保险行业成功故事的模板就应该是这样的，开局一把屠龙刀，迅

速就能打怪升级，不然怎么会有那句熟悉的"年入百万不是梦"。

然而，真实的世界并非如此。人生绝不可能是线性发展，几乎每一个人都无法避免的有过至少一段"剧烈滑落"的曲线，那就是每个人人生中都必然会经历的至暗时刻。

不过，人与人不同的是。有人从那段剧烈滑落的曲线中站起来了，有人却再也没有。他的自信与勇气在经历至暗时光后彻底被击碎，然后就再也没能回来过。

那么，我们面对人生和行业中的至暗时刻时，我们应该怎么办呢？在说怎么办之前，今天，我想先跟大家分享一个我自己的行业至暗时刻。

1.我那突如其来的行业谷底

一个人可以走得很快，一群人才能走得更远，2019年我开始着手建立自己的保险团队。

但是做团队不同于个人的单打独斗，公司和团队的支持尤为重要，好风凭借力，靠一个人缓慢吃力的苦苦支撑很难做大蛋糕。所以2020年1月我中途转换平台，来到明亚，续佣的中断和团队成员的流失，意味着一切都要从头再来，2019年所有的努力都付之东流。

团队当时就只剩下我和几个新人，又加入的是一个异地团队。有人说是因为团队散了，走投无路才来的明亚。有人说傻到选个异地团队，远水难救近火。人心浮动，流言纷纷。有伙伴说刚来新的公司孤立无援，一时间缺得很多。但是调整之后，我回复他的却是：没事，来到一个更好的平台，加入一个更大的团队后，现在我们缺的只是时间。

回想起当初自己心中的万般无奈和彷徨，前路一切未知，但是感谢的是自己内心深处还有着坚定的信心。团队长只有保持硬核基因，团队的命才能更硬。接下来，我们只用了6个月的时间，借助平台和团队提供的强大支持，快速小跑迭代，重新拉起了一支60人的团队，优秀人才比肩接踵而来，我也以最快的速度晋升为公司的资深销售经理。

回望过去的半年，是无数次的新人招募与面谈，哪怕遇到了雪上加霜的疫情，线下不能谈，我就到线上去谈。线上线下团队新人培训体系的搭建和深化，线下通关演练的辅导与巩固。有异地伙伴加入，我就开启线上辅导，或者来到当地给大家落地支持。

在善晓团队专业化培训的基础上，利用自己一路打造线上个人品牌的经验和总结，建立起了团队个人品牌成长计划的特色培训。

很多人说，这个速度和成绩真的很棒。但其中不易，唯有自知。

2.两次机遇：选对赛道，放大价值

2020年团队飞速发展之后，2021年我开启了在抖音的知识付费直播。大家都想要当风口上的猪，那么什么是风口，我认为就是短期内的供需关系不平衡。

在保险行业，部分从业者由于地域、团队、公司的原因，接受的培训质量千差万别。随着行业的无限内卷，大家对于销售技巧、专业知识、品牌打造方面的需求不断加深，而通过线上直播，干货输出，刚好满足了大家在保险行业的成长刚需。

半年的时间里，我建立了自己的直播团队，成立了自己的两家公司（一家负责线上直播，一家负责承接保险公司的线下培训），11月更是冲上了抖音知识榜的第6名，超过了98.4%的带货官。我不仅收获了学员们在群内签单分享时的由衷感谢，而且个人收入也有了跨越式的增长，那一刻我深深地体会到一个道理，现在这个时代，你能成就多少人，就能被多少人成就。

在这一年我也同时开始承接线下保险公司的培训分享，我走过了12个城市，通过这种方式认识到了很多优秀的同行伙伴。这些培训不仅来自同行大咖的转介绍，也有的是来自于直播间听课学员向保司内勤的大力推荐。

它让我相信了一句话，在保险这个行业：你若芬芳，蝴蝶自来。

3.三点分享，愿你迎来希望之光

分享完我的故事，相信也有人会觉得不错是不错，但你那一套我也不能复制呀！

这话没错，别人的成功永远不是拿来复制的。

别人的成功只是用来照亮你前进的路。让你相信努力是可以帮你走出无助和绝望的泥沼。正如我之前所说，至暗时刻是每个人一生中都必然会出现的阶段，而人与人之间的区别在于：有人能走出来，有人却再也没有。

那么，我们该如何走出人生中的那些至暗时刻？我在这里和大家分享一路走来，我的切实感觉：

（1）从愿景出发去思考。当一个人身处至暗时刻，假如他把注意力全放在现有"环境"上，把造成当下结果的原因"外归因"，就只会怨天尤人，自怨自艾。

前者习惯说：现在已经这样了，早知道，哎，都怪某某，如果不是某某，怎么会这样。

你会看到保险行业很多做得很差的朋友，永远都只会怪自家公司产品太烂，怪客户没有保险意识，而永远看不到自己的问题。后者习惯说：不论如今环境怎样，过去如何，我都有着清晰的愿景，我要创造自己的未来，所以我准备这样做……正因为两者思维方式的差异，所以才有了两者不同的结局。

我从来没有去懊悔过之前平台的选择，没有后悔过2019年为团队付出的心血和努力，更没有因此丧失信心放弃做团队，选择去一个飞单平台挂个号，以后有一单卖一单地混日子，把原因归于外界，若是这样自我就永远不会有真正的提升，一定要从自己身上找原因。一个人要为自己过往的选择买单，有时在选择上当断不断，就必然会付出更多的机会成本。

这个时候我们把目光和注意力投射到"愿景"上，就会发现更多的机会与意义，着眼未来才是关键。当时我第一时间把明亚和善晓可以借力的资源与体系重新梳理，制定好了团队发展的方向和规划。我也经常会和团队成员沟通：我们要做成一支怎样的团队？绝不是换个地方来卖保险，由原来卖一家产品的业务员变成卖多家产品的业务员，更不是一开始就还是用传统的老方式，让你写名单，打电话，而是借助明亚和善晓的专业培训体系支撑，去打造我们每个人的行业个人品牌，将个人与团队打造成行业里的头部IP。

在这半年的时间里，我们线上和线下招募同时进行，本地和异地组员辅导双管齐下，一步一个脚印，大步向前。这就是愿景的力量，何须埋怨过去，前路繁花似锦！

（2）坚韧地做。光有愿景还不行，如果不去付出和实践，就成了白日做梦。很多人担心明亚异地招募，新人带不起来。我曾经又何尝没有类似的困惑，手把手地辅导新人，却看着他一个月没开单，两个月还没开，看着团队前三个月平淡的业绩，我也很迷茫，这条路能走通吗？

直到看到我们团队很多异地小伙伴，业绩冲到了当地分公司排行榜最前时，我才体会到在正确的路上一直坚持就能收获果实绝不是一句洗脑的鸡汤。也许，有人觉得是因为我前期有强大的线上影响力，才能在明亚迅速发展，很少有人会看到，这些影响力的积累背后也不是一日之功。

最开始写文章到深夜，累吗？吟安一个字，捻断数茎须。前一天晚上写了一晚的文章，第二天就被平台定义为软文给删除了，一晚上辛苦拍出来的视频，发了20条，每条作品下也没几个人点赞。

很多行业前辈当年靠陌拜，扫楼起家。大家都是从无到有的积累，背后逻辑都是一样的。

"人生开挂"不光需要机遇，它还需要你持之以恒地去做，并且要有坚韧不拔的毅力，在这个做的过程中，机会和风口自然随之而来。

（3）保持乐观。有不止一个团队新人说当初选择加入我们团队，是因为我的脸上永远都有一种由内向外的自信，哪怕在刚来明亚时最难的那几个月，也看不出一丝颓丧的气息，对人对事也能保持乐观和从容。

那么，我希望能永远保持这份乐观与积极，带领团队伙伴们一起开启我们行业下半场的精彩。最后，致我们所经历的至暗时光，因为那都是通往自我的征途。

Two

2

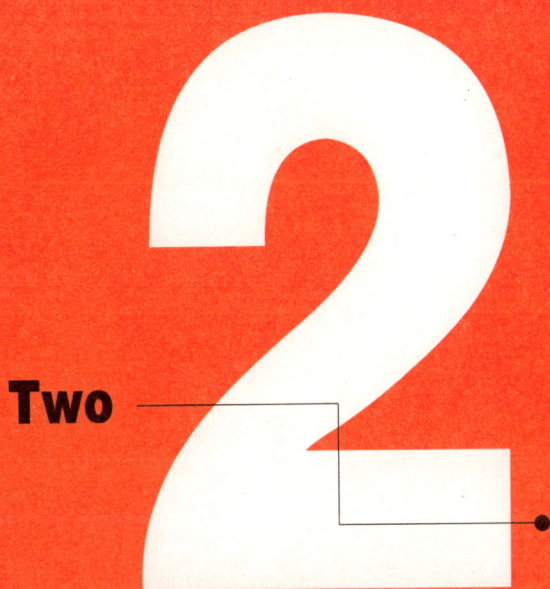

少走弯路，绕过火坑

做保险最怕的是什么？一怕"啥都不做"，二怕"一通乱做"，这是我带团队辅导新人一路走过来的深刻体会。

"啥都不做"的新人刚入行，每天只知道关起门来听无数的课，报无数的班，学无数的产品，就是不愿意迈出下市场的第一步：让写出名单，他觉得是在透支人脉；让开始邀约，他觉得学得不够，时机未到。

"一通乱做"的新人刚下市场，前期本身客户数就少，专业能力薄弱，却要瞎谈、乱谈，不按照系统的面谈逻辑，要么变成了生硬的产品推销，要么变成一厢情愿的说教，白白浪费了大量的签单机会。

所以无论你是入行不久的新人小白，还是未来打算建立团队、辅导新人的伙伴，可以来看看今天我和大家分享的新人入行四大雷区，都会给你带来不一样的启发和收获。

入行必读：
干好保险，客源重要还是成交重要

问大家一个问题，如果一个是给你1000个保险咨询客户，另一个是自己睡一觉起来第二天保险专业技巧满级，你会选哪一个？

先不要着急回答我，看完这篇文章你会有不一样的答案。

都说保险行业是朝阳行业，但为什么大多数人还是没有赚到钱？因为他们连最基本的逻辑都没有搞通，一入行就走了很多的弯路，有句话说得好，逻辑清晰了，世界就清晰了。今天我们先要弄明白第一个问题：干好保险，客源重要还是成交重要？

一台空调质量再好，在昆明也不好卖；一件羽绒服性价比再高，在新加坡你也卖不出几件。商业的本质就是买和卖，产品再好，没有客源，你要卖给谁？

做保险行业是立身之本，但是你客户都没两个，请问你学来的产品和专业用在谁身上呢？

一个TOT（百万圆桌顶尖会员）绩优的保险销售者搬到西北的4线小城市住几年，业绩必然下滑。人还是那个人，因为市场变了。一个蹩脚的保险小白有一个开月子中心的丈母娘天天给他介绍客户，就是再笨，这么多练手的，专业也慢慢地得到了提升，业绩自然也不会太差，你说专业重要还是客源重要？

保险要做好，无非4个字——"拓客""成交"。成交很难吗？多看几本书，不会可以学，这是我们后天可以习得和提升的技能，而且现在有了互联网，我们后天的学习渠道已经很多了，不需要像以前那样只能止步于分公司的早会。拓客很难吗？底层逻辑其实都大差不差，我之前在直播间分享过的抖音就是最大的陌拜神器，方法也有教给大家，没效果无非是因为有些人确实比较懒，这是人与人之间业绩相差最大的主要原因。

以前，我觉得保险公司的一日三访是鸡汤，跟业务员说什么"一定要坚持拜访，大力出奇迹"。结果我在这个行业一路摸爬滚打过来后才发现前辈们说得太对了，因为拓客在任何行业都是永恒的刚需，不然怎么会有那个很火的词：渠道为王。

专业不够，可能会谈丢两个单子，但你可以找团队帮忙面谈，借助外力来挽救。如果你连客源都断了，那么你还能在这个行业挣扎儿大？

问渠哪得清如许，为有源头活水来。所以大家一定要搞清楚，拓客一定是比成交更重要的，那么如何拓客，八仙过海，各显神通。每个人都有自己的方式，我在直播间也分享过很多次，这里便不再赘述了，但还是想和大家掏心窝子地分享我的两点思考：

1.缺客户的时候，多找"内归因"

很多人觉得没客户是因为市场大环境不好，特别是最近两年。说什么客户都没钱了，你我都知道，这完全是借口。大多数人还是懒，让你写名单不愿意，打电话邀约又觉得累，就天天坐在家等着转介绍来主动找他咨询，这种看天吃饭的人怎么可能挣到钱，你觉得2021年是行业低谷，但我看团队里做得好的业绩依然很好，MDRT（百万圆桌会员）会员还是几十个和去年没什么区别。

我经常说逻辑清晰了，世界就清晰了，出现问题千万不要"外归因"，要先看自身，看看我们自己身上有哪些问题，才有利于我们对问题进行解决和推动。

比如，我之前在直播间分享过我做客户服务时候的温馨提示函，很多朋友赞叹不已。我在其中提出了一个观点，很多时候，我们把精力放到如何去激发老客户给我们做转介绍上，但我们都忽略了一个问题，在老客户给我们做转介绍时，如何能够提高成功率？

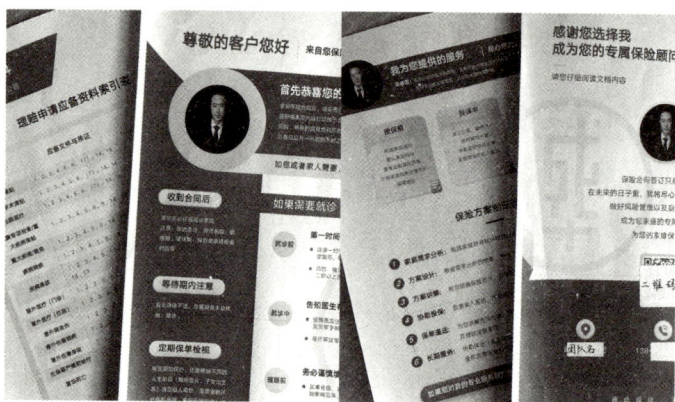

你的老客户给你做转介绍时，随口说一句："我的业务员叫邓华，人不错，你找他吧！"和拿着你送他的那一份温馨提示函跟别人说："我找他买的，还送了我一份提示函，你看看吧。"被转介绍人拿着这份温馨提示函，上面精美的排版，记录下了你的：

（1）标准化服务流程。让他感受到这个业务员和别人不一样，不是只会推销产品，他有着专业的保险服务流程。

（2）服务承诺书。让他感受这个业务员服务得用心，我们每个做保险的都喜欢说自己服务好，但停留在嘴上的服务不是服务，打印出来放在客户面前的可视化服务才叫服务。

（3）理赔申请应备资料表。这些东西保单里面其实都有，但是99%的客户都不会看，也不知道，但你单独打印出来放在客户面前，客户既能感觉到你细心的服务，又会觉得你和其他业务员不一样，人无我有，这就叫差异化的服务。

有工具和没工具，你想想哪个转介绍的成功率更高？

前者做转介绍时随口一说，客户左耳朵进，右耳朵出，后者每给别人拿出去展示一次，其实都是在帮你打"行走的广告"，我经常给团队伙伴分享，做保险不要真把自己当一个业务员，你要把自己当一家企业来经营，做自己的CEO，你见过哪家公司不给自己打广告的。公司如此，个人同理，你学会制作一份温馨提示函，既能让客户看到你服务得用心，又能让他在帮你广而告之的时候提高转介绍的成功率，这种打印一张才几毛钱，花小钱就能签大单的事情为什么不做呢？

所以，有时候我们没有客户缺客户，不要去怪市场怪公司产品没有竞争力，要多问问自己做了哪些，做了的哪些做得不够好，这样才能找到原因解决问题。

再举一个向客户拿转介绍的例子，以前传统的方法教我们要拿着一个笔记本放在客户面前，还要边说。如果你对我的服务感到满意，可不可以帮我写10个名单，我去帮你照顾到他们的家庭。如果都2022年都还在用这种方法拿转介绍，我相信是收效甚微的，还是之前提过的，现在的市场变了，客户年龄结构都变了，但我们拓客的方法还用着石器时代的老方法，大家不妨想想要激活80后，90后夫主动帮你们做宣传给转介绍，最关键的核心是什么？如果不清楚，我给大家举个例子。

江小白，一个白酒品牌，为什么打开了80后90后的市场，靠味道吗，不是，靠社交裂变。它每一瓶酒的瓶身上都有一段感性的文案：

"我把所有人都踢趴下，就为和你说句悄悄话"

"大道理人人都懂，小情绪难以自控"

"话说四海之内皆兄弟，然而四公里内却不联系"

句句直指人心，金句不断。当这条文案和消费者产生共鸣的时候会拿出手机拍照，发一个朋友圈，江小白有给客户广告费吗，一分没给过，但所有发朋友圈的人其实都在为它打广告，这就叫社交裂变。

营销都是一通百通，保险也如此。你卖出去一份年金，递送合同的时候，放下就走，有的甚至还在用快递寄给客户，难怪你没转介绍，但是我在递送年金合同的时候，就会向客户展示我们的梦想明信片，能触动人的图片加上文字，再贴在客户的合同封面上，客户觉得有仪式感的同时，拍照发个朋友圈，那些来留言问"这是买的什么"，"为什么以前我的业务员没给我做过，还是你这个专业"一有咨询，二有对比，你的转介绍不就来了吗？

『挚爱告白』
『教育金』
『压岁钱』

最懂你的家庭保险顾问
保险合同
INSURANCE CONTRACT
『隔代赠与』
给赠与孩子的财富
刻上自己的名字

而且你给客户贴上一张后，他清楚地知道了这份年金能帮他实现心愿，看到其他剩余卡片，能知道还有很多梦想和祝福也能通过年金来实现，给每张年金插上梦想的翅膀，以后加保自然都是水到渠成。

看到了吗，高手会打磨每一个成交和拓客的细节，在保险行业，哪有随随便便的成功。

2.在拓客这件事上，不要打着学习的借口来麻痹自己

我带过这么多新人，说实话，最怕的就是遇见刚到市场让他去见客户做拜访的时候，他跟你说一句：我还没准备好。我上次遇到一个新人，新人班培训了一个月，又关在家学了两个月，你跟他说要实践了，我们出门去拜访一下客户，他总是回答我还没准备好，想再多学学让自己更专业一点，再多研究下几家公司的产品和条款。知己知彼，才能百战不殆呀。

当时没把我气晕过去。市场就是最好的老师，你一

个准客户名单都没有，你学这么多"专业"是等着买自保件的时候用吗？

这个世界上没有人天生就是准备好的，你以为他是真没准备好吗？错，怕才是真的。天天关起门来用学习给自己找借口，不下市场锻炼一下，连个自我介绍都说得结结巴巴。客户一问你们中介是不是哪家佣金高，卖哪家，你紧张得脸都红了。专业再好，有什么用？产品性价比再高，你学得再熟练，有什么用？

连信任都取得不了，专业讲得再好，结果注定是白讲。所以不要找借口，就和我们小时候学游泳一样，你说要准备什么？一脚把你踹到少年宫的泳池里面，每天多呛几口水，也就会了。你在害怕中坚持得越久，便越放松，达到一个临界点后，恐惧就不再是极端痛苦，而是刺激。反过来，你要对害怕说你没准备好，只会更害怕，永远没有进步的可能。

做保险，市场就是最好的老师。而且，有的"准备"根本就没什么用。比如，很多人总喜欢在抖音直播问问我："老师，能不能分享几个向老客户要转介绍的正确方式，一用就能成功的那种，我一直不敢问客户要，就是怕被拒绝。"说实话，那些卖课的老师，最喜欢这种同学了，这种同学的钱最好赚。你说就是问客户要一个转介绍，他需要什么秘籍？一个简单的事，你反而把它复杂化了。

就好比，男孩去找女孩搭讪一样，不要一直把这事想得太难。要不要搭讪？在哪搭讪最好，成功率最高？哪句话一开口，就能击中女孩的内心？整天思来想去，不付诸行动，你心仪的女生会自己送上门来？你直接冲上去问不好吗？失败就失败了，女生又不会砍你一刀。本来你一个新人就没什么客户，还不主动去问客户要求转介绍，难道你的客户会越来越多？

这种行为需要勇气，不是勇气珍贵，而是你穷得只有勇气了。多开口和平常心很重要，客户愿意给就给，不愿意给，难道他还会因此找你去退保？所以这种事情，你说需要准备吗？准备得越久越虚，还不如自然一点。

疫情来那会儿，线下展业没戏了，很多朋友才想起抖音是一片广阔的大地，在那里是可以大有作为的。那你为什么没早点注意到这个平台？我前年就开始拍抖音了，那会同行都笑我，这抖音上面能有什么客户，谁会跑去抖音买保险啊。

结果，那会儿拍什么，什么就火，哪像现在，保险金融类的抖音都不给流量推荐了，连关键字都会被屏蔽掉。而且，同行纷纷入局，杀得头破血流，机会也就越来越少了。好不容易拍完，剪辑半天，发出来也只有几个赞。红海市场，进去的都是尸体。蓝海市场，往前跑就行了，伸手就有机会。哎，现在回想起来，当初真该再跑快点。

想把事做成，千万不要拿"理性、冷静"来当借口，有感觉了就开始行动，失败了就准备第二次行动，哪有那么多"我还没准备好"。所以，什么叫"还没准备好"？一是怕，二是懒。这样做能行吗？再等等，好像还没到时候？现在还有机会吗？最后补一刀"算了，我还没准备好。"

　　在这个行业里，大多数失败者的画像都是如此。不信你仔细观察，他们往往以不好意思开始，以没意思结束，所以拓客这种事情，你说它需要技巧和方法吗？有时也需要，但更需要的是我们的勇气，勇敢地跨出第一步，你距离成功就更近了一步。

写名单就是杀熟耗人脉

　　很多人进入保险公司新人班培训后的第一件事都是写缘故名单，大部分朋友对这个事情非常排斥：一来就让我卖熟人，透支人脉，果然是割韭菜。那么，我们为什么要这么做，这样做背后的原因是什么？

　　今天，我在这里和大家分享一下我的看法：

　　先有认同而后有行动，行动上排斥体现的是认同上的不一致。新人班第一课讲寿险行销的意义与功用，是希望通过这堂课程让大家看到保险的意义，看到从事寿险行销工作背后的价值。如果一个人他本身就不认同保险的意义，或者自己就排斥，你让他去和外人聊，他当然觉得是在忽悠别人是在骗人，所以大家从内心里就对写名单这件事开始排斥。当我们内心感到排斥的时候就一定要问问自己：自己是否认同保险本身的意义。

曾有一项针对保险从业者的调查，非常有趣：如果一生中只能给3个人办理保险，你会选择哪3个人？结果显示100%的业务员会把保险卖给自己和至亲至爱，多数人的答案几乎是完全一样的：自己、配偶、子女。

这说明只要是保险从业者深度认同保险的作用与价值，就会希望自己和家人都能得到保险的保障。如果保险稀缺珍贵，他们就会选择据为己有。

如果这项测试后又附加了一个条件，不能将自己和家人列为其中，那会卖给谁呢？答案也是出奇的一致：最好的朋友、关系好的亲戚、帮助过自己（或有所亏欠）的人。

你看，我觉得保险好，自然会推荐给周围的人，这是一份"我希望我所拥有的、自认为好的东西，你也能够拥有"的美好初衷。所以，既然都说保险是爱与责任，我觉得让亲戚朋友买不是杀熟，反而是"救熟"和"帮熟"。

所以我认为把保险一来就卖给身边亲戚朋友，这样的行为只要不是为卖而卖，强行推销，那就在是创造价值，为他人撑起抵御风险的屏障。

有朋友会觉得老师你说得也对，我也非常认同保险的意义，但还是觉得一开始就卖熟人，过不了心里这个坎，有时会欠很多人情。

如果你有这样的担忧，不妨换一个角度思考，我们是人情式的推销还是在做专业化的服务。这就好比医生和药店的导购，大家更希望能有几个医生朋友，医生并不会把卖药当作给你看病的目的。

第一步先问诊，医生会问病人哪里不舒服，多长时间了，怎么个疼法。这个时候病人会回答得很仔细，把自己哪难受，疼得程度告诉医生。

第二步做检查。病人说的这些细节可能不准确，所以医生要借助工具来进行检查。比如用听诊器、血压仪、温度计来检查一番。甚至有时候，医生还会要求病人去查血、验尿、做肝功能检查，最终再判定得的是什么病。

第三步才是开药。确定患者患有什么病，以及病情的程度，医生再决定是开药、打针还是住院或手术。开药的话，还会说明要怎么吃、一天几次、什么时候吃。

这是医生看病的流程，医术再高超的医生也是按照这个流程来操作的，所以我们不会有被推销的局促感。那换位思考一下，我们的销售方式是如何：

1.再不买就晚了，这个产品特别好，马上快停售了。

2.这个产品保得非常全，我自己都买了，真的特别适合你。

3.谁没买保险，后来得了什么病。

这种卖保险烦人的样子，像不像那些药店里的导购跟你说的，"这个药最近打折搞活动"是一样的道理，都会给人是卖货而不是解决问题的感觉。所以，这里对我们的专业化服务流程提出要求，推广产品卖产品的思维注定寸步难行，以需求分析为导向的销售流程才能让客户觉得你是来帮我解决问题的。

如果你刚开始做保险，开发缘故市场的时候，你的专业度并没有让客户感觉到你是在帮忙解决他们家庭的风险问题，而不过是他"照顾了一下熟人生意""卖兄弟一个面子"，那自然是在透支人脉，消耗人情。如果你的专业过硬，需求分析流程到位，让他们感受到专业的力量，同时你通过产品方案帮他们解决了问题，那么这一行为便是在创造价值，取得信任。

保险创业非常不容易，稳扎稳打是关键。刚才我们聊完心态，聊完技术层面的东西，我们接下来聊聊市场。大家都知道做保险是在创业而不是打工，所有的创业都离不开资源，有资源肯定更容易成功，这是正常的。如果你有一个开月子中心的亲戚天天给你介绍客户，那么开单就不难了。这资源是可遇不可求的，所以不是每个人开局都有一把"屠龙刀"，普通人的资源非常有限，浪费不起。

其实缘故市场名单就相当于我们的起步资源。你今天创业开个火锅店，也肯定会第一时间邀请亲戚朋友过来吃，一是给店捧场聚人气，二是希望吃好了他们再帮你做转介绍，三是最好给你提点改进意见，如果菜品的味道不好，你也可以及时做出调整。如果是陌生客户，他们根本就不会理解你，第二次直接就不来了，你说多可惜。其实这和做保险的逻辑一样，如果你刚下市场，专业度本身不够的情况下，一来就对着关系不熟的人做推销，就很容易出岔子。

如果出岔子，你就会失去这好不容易有的准客户，因为他们不会像朋友那样包容你，给你第二次的机会。熟人和朋友其实本身就是我们练习专业化销售流程前期最低成本的演练对象，为什么不利用好呢？

很多人一开始就有个错误的拓客观点：我只做陌生市场的客户。这种方式不是说不可以，只是说这样的成功率会非常低。我自己就是做纯陌生市场客户起家的，很清楚这种方式特别容易走弯路，浪费一些不必要的机会。后来，我带团队过后才深有体会，新人进入这个行业，我们先要教会他们的是如何在这个行业存活下来，再说提升和成功，那么稳扎稳打做缘故市场肯定是最好的选择。

所以，我们要梳理好自己的缘故名单。我们经常听到的五同法或者用ABC来标注邀约顺序，这些都是行之有效的方法。但是，部分老师的授课风格我是不认同的，我甚至觉得有点误人子弟。比如，上新人班的时候部分老师问大家："你们觉得缺客户吗？"新人回答："缺。""你们把窗户打开，看看外面是什么？""是人。""是的，这些都是你们的客户"这种属于典型的为打鸡血而打鸡血，请问这些真的是我们的"客户"吗？新人一来就去找这些人谈保险，一张口就会被拒绝被打击，然后怀疑保险真的那么好吗？为什么所有人都不要，接着开始怀疑自己，是自己能力有限卖不好吗？

你看，这就属于典型的错误辅导和培训，很容易葬送一个人在这个行业未来的可能性。大街上的人一无信任基础，二无社交链接，成交概率就会非常低，等我们专业能力、销售技巧游刃有余的时候再来进入这个市场当然没问题。而前期缘故市场就是我们的新人村，好好练级才是关键。

无论是卖什么商品，卖之前不可能不做好科学的市场摸排，做保险也是一样的道理。我有一次开直播的时候分享过一个拓客方法：先摸排需求，再根据信任度确认邀约和面谈对象。很多人一做保险，就开始天天发朋友圈：我进了某某保险公司，信用卡、贷款等都可以做，有需求的朋友来找我。

这种朋友圈一发，首先好不容易有几个有保险需求的朋友都不敢来找你了。因为他们担心问了最后没买，又是朋友，面子上过不去。其次，这样发朋友圈销售目的性太重，会激起大家的防御意识。因为没有人喜欢被销售，就和没人喜欢看广告一样，有的直接把你屏蔽了。

那么，你以后再也没有机会出现在他的朋友圈，多可惜。如果我们换一种拓客营销思维，哪怕你工号都下来了，但也不要着急官宣。

第一天先发一个朋友圈：我今天过30岁生日，想来想去感觉还是应该给自己配个保险了，大家有好的推荐吗？大家想想留言区会是怎样的情况。

肯定有人说：哎，是呀，现在这食物都不太安全，该考虑一下购买保险了。或者说：你研究好了，跟我说说，我家也准备买。你看我们通过这种方法梳理出了朋友圈里保险需要最强烈的一波人，然后根据关系程度排上邀约和见面的顺序，成功率高的排前面，见都没见过的排最后，列个ABC排序。

也有人会说：是该买一个保险了，去年我们在某某公司都已经买了。好的，这种人你也记录下来，因为他们有保险需求并且认同保险。其实，这类客户二次成交的概率也很大。等你下了市场，按照专业化的需求分析流程，走完一遍之后，你会发现大多数家庭的保障缺口是有很多的，这和过往部分从业人员的产品导向销售方式有关。有的人买了二三十万的重疾保额，加保空间很大，还有的人买了健康险，没买年金。所以只要你专业度到位，知道如何从教育养老去切入，你就会有更大的成交空间。哪怕保单检验查看完发现缺口不大，但只要你三讲做得到位，能够取得信任。你也可以将他培养成你的转介绍中心，所以不要觉得人家在别人那买了保险你就可以把他晾在一边。只是这类客户不用放在邀约和面谈的第一梯队里，放在第二梯队再跟进，效率会更高。

那肯定也有人会说：千万别买，都是骗人的。你看，哪些是你周围最排斥保险的人，我们要了解清楚。这类人哪怕我们再熟悉也要将他们的名字顺序排到名单的最后，直接不管都行。这种客户你去见也没有任何意义，除了耽误时间就是打击自己的从业自信。

仅仅发一条朋友圈就可以帮我们收集到这么多的信息，而且是最真实有效的信息，因为你没官宣，他们不会也不会对你有所防备。如果等你官宣过后挨个问，那么效果就完全会大打折扣。接下来继续做朋友圈的营销，过几天你再发一个朋友圈，图片配一个保险公司的照片。有人在PPT旁边讲课效果最好，配段文字：哈哈哈，不入虎穴，焉得虎子。大家猜我来做什么了？

你看是不是短时间内勾起了大家对你的关注和好奇心：××真的太拼了，为了买保险居然去卧底了，等他研究好后，可以找他问问。而且也为最后的官宣埋下了伏笔，等会我会详细说。然后又过两天，你再对着你手写的笔记本拍个照片发个圈，上面写满密密麻麻医疗险和重疾险区别的笔记，不要全拍了，拍一半留个悬念，再配段发朋友圈的文案：不学不知道，保险的水太深了，以前觉得一年买个几百块的就够了，结果学完大开眼界。

为什么要这样操作，第一你要知道人性就是这样，你约客户出来聊保险，没人感兴趣，但是对于别人的笔记就会充满好奇特别有想获得的欲望，就像我经常在外面讲课，下面一帮人全部拿出手机来拍PPT，拍了也一定不会看，但拍了就总觉得能学会。这种行为使他们非常有安全感，有的甚至还来问我能不能把PPT课件发给他，你看人就是这样。

同样，这个朋友圈一发，你在评论区留言一句：想要我的学习笔记的扣一个1。你会发现真的会有很多人来要你的笔记。然后，这个时候又会有两种不同的应对方式，信任度高的我会拍一张模糊的图片发给对方，他说看不清，我会说可能是微信上图片发过来有压缩吧。刚好，我明天在你公司附近办事，可以约个时间去你楼下的咖啡厅坐坐，慢慢和你分享我最近学到的保险知识，这里面的水太深了。

你看，这样一个顺理成章的邀约是不是比直接打电话的成功率高多了。而且，对方多半还会帮你把喝咖啡的钱付了，毕竟是在耽误你的时间，而如果是你主动打电话邀约讲保险，他只会觉得顺理成章，毕竟是你想卖保险挣佣金。所以不同的营销方式会起到不同的结果，大家可以自己体会一下。

如果遇到那种信任度不高或者根本就不认识的，我就直接发图给他，因为这种成交率低，前期没有必要花太多时间。当然不能全发给他，留一点内容，这样他如果后期来问你是不是那天没有发全，我们就能捕捉到他这个时候正在了解保险，那么这时就是最好的邀约时机。

那么又过几天后，你又发一个朋友圈，拍一下几张保单的封面，配段文字：卧底研究了一个月，总算把家里的保单配齐了，万把块搞定，开心。

很多人肯定疑惑，万把块怎么可能配齐全家的保险？这时你就要想想，我们发朋友圈的目的是吸引别人的注意和咨询，你发个几万块的，大家觉得在哪买都差不多，怎么会来问你，你看抖音上有些搏眼球的视频：你给孩子买的保险超过1000块，那你就是被坑了。这其实就是抓住了人性甲恐惧这一弱点，来吸引你的注意力。所以发朋友圈通过低价来吸引注意，你见面的时候再找个理由解释一下。比如：这次家里预算有限，只配了老公和宝宝的定期重疾，但终身的依然很重要哦……该怎么讲就怎么讲。注意一下，这次发朋友圈的目的是吸引注意和开启邀约，不要想得太多。

　　肯定会有很多人问你怎么买的，你发一个密密麻麻的方案过去，把医疗意外险的责任都写上去，看上去保得挺多，也没花几个钱。正常客户不会有看得懂的，一看就觉得累，既然看不懂，那就顺利开启邀约面谈。

　　过几天，你再发一个朋友圈，配图对面坐一个你闺蜜在签字的样子，你配段文案：感谢我的中国好闺蜜无条件的信任。说我买什么她就跟着买了，肯定没错，但我还是在这里提醒一下大家，不同家庭的保险配置逻辑是完全不同的。

　　发这个朋友圈给人一种心理暗示：别人都在跟着我买，我卧底了一个月才研究出来的，不会自己坑自己吧。别人更加会好奇你买的是什么产品了，如果没买好，别人不会跟着你买，这样就成功激起了他的好奇心。

　　最后过几天，这个时候你在朋友圈才正式的官宣你做保险了，大概逻辑如下：本身是为了自己买保险，但自己研究不够怕被坑，所以跑去保险公司卧底。学完过后发现，保险复杂专业性强，从事这份工作有意义。后来很多人跟着我买了，挣了佣金不可能不给服务，所以为了不辜负大家的信任，今天我正式官宣我加入某某公司，开启我的保险事业。看到没有，这时的官宣跟你直接一开始说从事保险行业，效果完全不同。

第一，叫师出有名。你突然说自己做保险了，周围人一定会保持怀疑和观望的态度：他是不是被洗脑了？估计是找不到工作，闹着玩，都还不一定能做下去呢！"我为什么会来做保险"，这是我们做三讲过程中非常重要的环节。不讲清楚是不能取得客户信任的，把它讲得更具戏剧性，有转折点自然给客户的印象更深。你这样的朋友圈营销下来，大家不仅对你为什么做保险印象深刻，整个故事发展的链条也会非常清晰。

第二，潜移默化值入信任。很多人直接说自己做保险了，可你学得怎么样，大家心里都没底。但你一系列的朋友圈发下来，比如，今天学了什么知识，我又做了哪些笔记，客户看在眼里，过后会更加信任你，因为他会觉得自己在朋友圈里见证了你的成长。

第三，增加信任度。很多客户一开始对你持有怀疑和观望的态度，无非是担心你做不下去，说不定你一单没开就不做了，但你最后的官宣提到过，有很多人已经找你买了，你已经开张了，所以我要为了他们的信任继续做下去，这时你给客户传递出来的信任度就完全不同了。

所以这个章节讲到缘故拓客的知识点，和大家分享了为什么要做，以及怎么做，我相信大家听完后会有新的启发和收获。之前我们觉得不好意思开发缘故市场，要么是因为拓客方式太过时，不适合现在的80、90后市场；要么是完全没有一套完整的拓客正确方法论，什么短信群发，朋友圈天天刷屏，这才是真的透支人脉。

这里和大家分享的朋友圈起号逻辑，其实不仅适用于新人发朋友圈，用在网络拓客、微信群营销上也是一样的思路。比如，去混论坛或者拍视频，你难道直接在那里教大家怎么买保险，帮人对比一下产品，就会有人来咨询吗？现在几乎是很难的，一定要学会营销思维，这也是我打造线上个人品牌，一路走来的经验总结。希望以后能在抖音直播间和大家做更多的分享。

保险成交的核心到底是什么

　　都说保险难卖，不知道大家有没有仔细思考过：保险到底卖的什么？是你们公司的产品有多便宜吗？疾病多保两种？还是万能账户结算利率比别家高一点点？

　　很多朋友感叹保险成交太难，却根本没有想明白成交背后的底层逻辑。首先大家别忘了，一个"卖"字，体现的是利益上的平等交换。但是很可惜，保险在大多数人的认知中，它并不是一个稀缺的商品。所以你想让客户掏钱来买你口中的"爱与责任"，难度真的很高。那么客户经常不理你，也很正常，因为你提供的本身就是一个很廉价的信息，不像那些能提供股票内幕，能带客户飞的基金经理，可以让他们瞬间暴富。

你看这么多商业活动中，有人卖产品，卖时间，卖服务，但卖什么东西最赚钱？还记得《喜剧之王》这部片子吗？上映20多年了。里面有个叫龙少爷的土豪，来到了张柏芝上班的夜总会。妖艳的陪酒小姐全看不上，大喊着自己要找的是"初恋啊，我要的是初恋"你能告诉我"初恋"有几斤几两吗？它看不见，摸不着，是一种感觉。它不像唱歌跳舞那样可以标准化生产，也不像陪酒陪唱那样直白干脆。"感觉"是一种难以描述的东西，玄而又玄。本质上是一种主观微妙感觉，难以复制注定了它的稀缺性。

如果你还是将自己定位成一个卖保险的，那么在客户眼中你和街上那些洗剪吹没太大区别。什么稀缺卖什么，所以你看那些保险卖得好的都是在卖感觉。你卖给客户的这种感觉，可能叫作"你很专业"，可能叫作"值得信任"，可能叫作"不可替代"谁能迎合、摸准客户的心理，谁能卖出各种各样、千奇百怪的微妙感觉，谁就能获得高额利润。但前提是你得知道你面前的这个客户他需要的是什么感觉！

以前，我觉得那些讲来讲去只会"三讲"的代理人很悲哀，后来发现有些经纪人才更可怕。他们会有一种：我会组合产品，能给出客户超高性价比方案的优越感；祭起产品PK（对比）大法，一个产品对比表发过去，感觉客户就应该束手就擒。如果客户不来电，还觉得客户不识货，买到性价比低的保险就只能自作自受了。

每次听到这种论调，我都觉得这些销售卖不出去保险真的很正常，因为他们从来就没有站在客户的立场上去体会客户的情感，也就是我们所说的换位思考。他们还是用他们的单线程思维在对待这件事：因为我的产品好，所以你就该选我。

由于缺乏这种设身处地的同理心，所以他们根本就抓不住客户真正的需求，甚至连起码的耐心都没有。客户要的是一箱"苹果"，他却迷之自信的卖着他的"梨"。客户一说想先给孩子买保险，他马上跟个自动回复：你这样不对，应该先买大人的保险，后买小孩的保险。其实，你的道理没错，但是做法错了。它只会导致你把天给聊死。人归根到底，还是偏感性的动物。讲道理是一种最无效的沟通方式，就像小时候你家长让你少玩会儿游戏，你照样天天玩游戏一样。

其实我们很多人还是在用一种自以为是的心态在卖保险。卖着一个连自己都没太搞明白的商品，又非要坚信自己无比正确，并强烈的渴望把观念强行灌输到客户身上，丝毫没考虑过客户的感受。保险好就一定要买吗？这里面牵涉着太多复杂的人性，太多只可意会的东西。而且，销售卖保险，卖的是一种感觉。客户买保险，何尝买的又不是一种感觉？其实，你会发现很多客户口口声声说："我买保险，性价比高就可以了。"这种话你千万别太当真。

因为首先性价比本身就是一个伪命题，别说客户搞不清什么是性价比，就是我们其实也无法定义。产品便宜就算性价比高，那附加价值呢？那理赔时效和体验呢？

客户最终买到的保险都是他们心里面认为最具性价比的保险，而不是我们销售人员心中自认为最具性价比的保险。让客户有感觉的就是好保险！

很多保险公司给销售做培训，教他们NBS（保险需求导向顾问行销体系），要去"唤起需求"，这比起之前以产品为导向的销售方式要进步很多。但我觉得很多时候，需求是根本无法唤起的，一个没有保险意识的人，你怎么"唤起需求"都没有用。所谓的"唤起需求"，更多的时候还是针对那些本身就有保险意识的客户帮助他们捋清逻辑，在销售环节中最多起的是一个临门一脚的作用。

你要起到催化剂或者润滑剂的作用，但作为一个优秀的销售，最关键的还是要学会挖掘客户的潜在需求，发现他们的核心需求，最后用自己手上的产品去迎合需求。这些东西需要你对人性的观察和思考，学会倾听，学会共情。就像心理咨询的原则是对客户内心的启发和引导，而不是一来就讲一通你的大道理。

大家都是成年人了，谁都讨厌被说服。以前我见过一个客户，刚开始她也对我的专业赞不绝口，觉得计划书讲得很清楚，和那些蹩脚的销售不一样。结果，最后她还是跑到一个兼职大妈那里去买了，那会儿的我觉得这简直不可思议。人情也能打败专业，这正常吗？其实真的很正常，刚才我们也说了，客户选择一个销售的核心就是感觉，而感觉这个东西真的很奇妙，专业也许是重要条件之一，但绝不是唯一。

我知道其实有很多人会看不起那些兼职的大妈，觉得大妈们很多连产品都讲不全，一个个跟行走的话术一样，但其中真的有大妈就是会卖保险。因为她们懂人情，会聊天，懂得将心比心的去体会客户的痛点，懂得倾听和理解，懂得人性。而这种"共情"的能力很多是天生的，我们大多数人真的学不来！她能向客户卖出一种感觉，叫作你真懂我。这种感觉太稀缺了，所以它能直抵人心，情感的冲击远远大于客户对专业度的诉求。而学会这些比起你学那些产品计划书，《保险法》《婚姻法》要难上百倍。

世事洞明皆学问，人情练达即文章。这些内容，有时真的可以把你引以为豪的专业打得满地找牙。上次，我在直播时说过：一个人的成功，对外要顺势而为，对内应该扬长避短。

我们作为一个年轻人，人情往来方面的经验可能真的欠缺太多，所以应该向这些大妈们学习。因为别人有很多值得取其精华的地方，所以我们不能一味地忙于批判。人情和专业不是一个非此即彼的关系，而是可以兼容并包的，我们可以用它来增强我们自身的核心竞争力，起到如虎添翼的效果。所以保险成交的核心考验的是我们与客户建立信任的能力，我们不能粗浅地理解为只要我家产品性价比高，就可以一家产品打天下。我们的专业度高，客户不选我也不能说明他不明智。先有信任而后有成交，无信任不销售，这是做保险的我们必须想明白的一个道理，很多朋友见客户不做三讲，一来就开始做需求分析，讲保险应该怎么买，还以为自己非常专业，哪想客户听懂了就找其他业务员买了，自己努力地为他人做了嫁衣，多么可惜。

保险的成交说简单也简单，无非是取得信任，满足需求。没有取得信任后的需求分析注定是无结果的结局，空欢喜一场。那么，怎么取得信任，一定要靠三讲。当然，这里的三讲肯定不是什么：公司好，产品好，我很好。这种千篇一律的三讲，而是通过讲职业价值，专业价值，附加价值去取得客户的信任。之前，我在抖音拍过一个类似的视频，这里就不多说了。我们只有明白了成交的核心，才明白我们应该在哪些地方多下功夫，哪些地方可以少走弯路。

道理讲得越好，保险卖得越烂

　　能理解之前讲的保险成交核心到底是什么的朋友，看到这句话相信你更能感同身受。之前，团队下的一个新人伙伴跟我抱怨，"前天，我遇到一个客户真的很难沟通，见面一来就说要给孩子买保险，我当时马上就告诉他了，'你这样不对，买保险一定要先买大人的，后买孩子的。'我将这其中的门道跟他说了，说了半天道理，他怎么就是听不进去呢？"

无论是在销售过程中，还是在日常生活中，道理讲得越多，越让人堵得慌，不想再沟通下去。而讲道理的人往往没有意识到这一点，他们真的以为是在为对方好，结果最后就会变成尬聊。我觉得如果我们销售过程中都用这种方式和客户进行沟通，结局往往都比较惨。大家不妨想想你们周围，从事保险销售工作但销售业绩不好的同事，是否都有"爱讲道理"这样一个共同的特征呢？

客户一说想买教育金，你就说"这样不对，应该先买重疾，再买理财"。客户一说自己以后个会得病，你马上来一句"每个人罹患重疾的概率是70%"。客户一说我再考虑一下吧，你又是一句"明天和意外哪一个先到？"这种沟通方式，只会让别人厌烦，也让保险销售者自己受委屈——为什么这些客户就是没有保险意识，看不到我身上隐形的翅膀呀。

核心的原因在沟通中，他们只讲道理，不谈感受。

由于前段时间互联网保险的兴起，保险经纪人手上的有些产品比代理人手上的产品"性价比"高一点。但为什么有些可以卖多家产品的朋友业绩做得反而没有只能卖一家产品的朋友做得好？因为他们陷入了单线程思维的怪圈：我认为反正每家保险公司都安全，所以买保险就应该看条款看价格，不看就是花冤枉钱。他们又强烈地希望每一个客户去接受他们的观点：买保险，公司大小不重要，只看条款就对了。不过这种行为却总被现实打脸，因为他忽略了每个客户需求的差异化，只不过是一厢情愿的在卖他认为"最好"的保险，客户又没上过你们的新人班，怎么可能因为你说的几句话就强行改变他固有的观念。

这种思维适合去讲道理，唯独不适合去卖保险。为什么有些代理人朋友卖得就很好？因为他们知道只PK产品是短板，所以会花更多的时间在讲产品的前期先展示自己的价值，建立好与客户的信任。他们会花更多的精力在客户的需求分析上，去聆听客户真实的感受，充分挖掘他们的核心需求，在与客户的人际关系上处理得有分寸，让人觉得恰当舒服，你知道这种如沐春风的感觉有多棒吗？夹杂着陪伴、关心、共情、理解。这种沟通方式和那种自动回复的聊天方式完全不同，自动回复的聊天方式只会让客户觉得你是一个话术复读机，油腻，急功近利，自大且好说教。

你想想《大话西游》里唐僧讲道理的样子，多烦！所以这段文字要送给的正是那些整天活在很多道理里，并且认为自己很厉害，但业绩就是很差的人：保险销售的各个环节其实非常的微妙，产品只是其中的一环，更多的还是靠有效沟通。

我们有些高学历加持的同行，看不起那些大学都没读过的大妈，觉得她们连保险原理，产品设计这些都不懂，整天就靠背个话术，热情、跟踪、促成这些伎俩，把保险活生生变成了一个门槛很低的行业。不过我们却经常被现实打脸：那些大妈业绩就是比你卖得好。你专业，你名校光环，但客户就是不回你信息、单子总被大妈抢。后来我发现这些大妈都有一个共同的优点，人情往来这一块，她们特别懂得理解，善于倾听，我们不能打着"专业为王"的旗号就对人家进行一味地批判。

人情和专业不是一个非此即彼的关系，而是可以兼容并包的关系。比如文中开头的那个例子，为什么客户只想给小孩买？你有静下心来，深入了解，问过你的客户吗？是因为父母曾患过疾病，不方便告诉第一次见面的你？还是因为预算确实有限，最近拿不出多余的钱，但又不方便开口？可能存在的原因真的太多了，但你一上来就甩句大道理，这就真的把聊天聊死了。

何况像这类客户为什么不先成交，后开发呢？等买了孩子的保险，他成为你的客户，有了黏度和信任，你再来沟通为什么要先买大人的保险，后买小孩的。你第一次和他见面没有任何关系，就想通过一堆大道理去说服客户，你觉得可能吗？成年人没有人喜欢被说服，所以客户只会觉得这个销售真烦人，怎么找你问个保险就这么麻烦，然后你还被丢单子，伤和气。

很多朋友经常喜欢到直播间来咨询我，做好保险销售有什么技巧，我觉得学好沟通就可以了。所有的沟通技巧都在于理解本身，好的沟通永远都不是对方问一句，我们就套用一个话术，见招拆招，那样的工作以后AI就可以把我们替代了。

永远是两个流动的人，在相互理解与感受之中，最后达成共识。这样的保险销售才有感情、有温度，而不是给客户一种眼里只有签单，急功近利的画像。

光说大道理只会用僵硬的方式阻断理解和感受，所以请你带上理解，放下"道理"。让感受走在道理前面，计高情商成为可能。

Three

3.

渐进式提问，

成交才能一锤定音

　　沟通是一场无限游戏。想要成为保险行业的销售高手，学会"好好说话"很重要。

　　为什么很多朋友觉得公司产品学得很清楚，寿险的意义与功用、规划教育金和养老金这些大道理比谁都懂，就是签不了单？因为他缺的是实战沟通的技巧，这些东西在早会上学不到，都是在市场的摸爬滚打中总结出来的经验。

　　大家听完我的直播培训，都觉得是可复制的实战干货，其实不是因为我多厉害，而是因为我过往谈过的单子比大家都多，刚好又是学心理出身，所以爱总结和复盘，这才有了这些系统性的沟通逻辑和技巧。

　　他山之石，可以攻玉。我希望在这里和大家分享一些我在谈单过程中总结出来的实战技巧，大家前期可以参考运用，后期再整理成自己的谈单流程。看完后你会发现，保险没有那么难卖，我们缺的不过是正确方法而已。

反对问题前置：
把成交主动权抓在自己手上

在这一章，我会和大家分享成交销售方面的心得，实战的话术和提问逻辑大家可以来我直播间听，但是文字性的内容可以让我们静下心来有更多的思考。希望这样的方式能够很好地帮助你领悟保险成交的底层逻辑，这样对你的日常展业会有更多的帮助。

不知道大家有时有没有这样的感觉，在和客户沟通时永远抓不住重点，永远被客户牵着鼻子走，客户问一句，你答一句，两三句过后也就没有然后了，这是因为我们没有建立一套可以复制的提问逻辑，具体会体现在你和客户的沟通总是停留在他问你答，或者你自说自话地讲道理。

比如，我们在卖健康险的过程中，为什么很多朋友讲了半个小时，把医疗险和重疾险的关系已经讲得很清楚了，但是最后客户还是丢一句，"你说得很对，但我还是觉得只买一个几百块的百万医疗就够了，重疾险先不急。"为什么会这样？大家仔细思考一下，是不是我的沟通流程还停留在事前讲道理，事后来补墙？事前给客户说得很清楚很专业，你自己还很满意，但完全忘了人是永远听不进去道理的。当客户说只要一个百万医疗的时候，你又慌了，赶紧出来解释："这样买不对，医疗险不稳定，今年有明年就没有了，重疾险才能保终身……"客户又不慌不忙丢一句："你们公司医疗险没了，说明你们公司不行，我换家买就行了。"

你看，客户各种反对问题都会在这个时候迎面扑来。

当客户已经做出一个决定的时候，你之后的解释无论多正确，在客户看来都不过是掩饰，越解释客户越不想听。所以做销售一定要学会反对问题前置，这样你才不会永远被客户带着节奏走，在销售中你才能永远立于主动的地位。

我之前在讲课的时候，分享过我的一个处理逻辑，这里给大家分享一段。

我：王总，我们今天跑这么远出来见面，你平时工作也很忙，我想请问今天我们见面你是想通过保险帮你们家庭解决的是一阵子的风险，还是一辈子的风险呢？

客户：当然是解决一辈子的风险，最好一次性配好，这事也拖了很久了。

我：好的，之前我在微信上简单跟你说了一下医疗险和重疾险的区别，医疗险今年有，明年有没有，你说了不算，我说了也不算，所以它具有不确定性，你认同吗？

客户：嗯，认同。

我：那以你对保险的理解，我们用一个不确定的金融工具能否解决我们一辈子的家庭风险呢？

客户：不能。

先讲到这三句，后面还有很多详细的沟通逻辑和提问话术，包括客户如果说只想解决一阵子的风险，我们该如何接，这里就不展开说了，毕竟实战性讨论直播间更合适一点，这里我先帮大家把刚才的提问逻辑复个盘。

我在第一句提问之前，假设了一个场景：我们今天跑这么远出来见面，你平时工作也很忙。其实潜意识就是在暗示客户，你很忙，大家时间都宝贵，那既然如此，是不是一次性就解决掉问题最好？所以当你接下来问要解决一阵子还是一辈子风险的时候，在二选一提问的引导下，客户潜意识的会回答一辈子。毕竟没有哪个客户喜欢天天去见业务员出来聊保险，见一面解决完最好，这就是大多数客户的内心世界。

接下来的第二问，我最终的落脚点并没有说医疗险今年有明年可能就没有了，因为一旦你在客户面前给出你确定的结论，会天然地激发人想要辩论的心理。"你说是就是吗？不行，我得怼你两句。"这就是人性，也是客户的内心世界，那为什么我们不绕开它呢？所以我说医疗险什么时候没有，你我说了都不算，最后得出的结论是不确定，这种结论客户是无法反驳的，因为你都没有给出具体的论点。

这种提问方式，在我之前直播间讲年金销售，如何给客户沟通"利率下行"时有用到过此类技巧，背后的逻辑其实都是一样的。我们在得到客户一个"一辈子"，一个"不确定"的两个肯定回答后，再抛出最后一个问题，客户自然会回答你最想听到的答案：一个不确定的金融工具不能解决我们一辈子的家庭风险。这就叫销售中的提问和引导，客户永远不会被说服，只有让他们说服自己。这个反对问题提前解决后，你再展开接下来的销售动作，自然就水到渠成了。

而且整个过程中是你问客户答，而不是你一直在那里毫无互动地自说自话。所以我经常和大家讲，保险销售的过程中要注意与客户的互动和调频，而不是我们在那里讲半天专业，自以为满意地自嗨。我们必须用提问带着客户走，最后引导他们给出我们想听到的答案。这就好比两种不同等级的业务员，蹩脚的业务员每次和客户沟通的时候，都是自己给自己挖坑，然后自己跳坑里还爬不出来。比如跟客户说医疗险今年有，明年可能就没了；比如，喜欢拿租房和买房去跟客户打比方，说医疗险就是租房不稳定，房东随时收回，那客户一句话怼你："这家不租给我，我去别家不行吗，只要有钱还怕租不到吗?"你看，这句话怎么接，是不是聊不下去了，但关键是这个坑还是你自己给自己挖的。

高手在销售过程中都是自己用高段位的提问挖一个坑出来，把客户请进去。客户在里面干着急爬不出来的时候，他再递给客户一个梯子，客户顺着梯子爬出来，夸他真专业，梯子真好用。然后业务员告诉他：保险其实就是这把梯子，这样的成交才顺理成章。所以保险的成交，一定要学会将反对问题进行前置处理，永远不可能在客户面前把道理一讲，就能顺利签单，提问和沟通的逻辑也非常重要，你的第一步迈对了吗？

可复制的年金成交三部曲心得分享

不知道你有没有和我一样的感觉。以前刚做保险的时候，自己首先就不太认同年金险，增额寿险这类产品，觉得收益低，不灵活。而且，我在和客户交流沟通的时候，不是第一句话不知道怎么开口，就是只会把它包装成一个理财产品来卖，卖来卖去就只会讲万能账户。这是大多行业新人的痛点，同时也一定是我们新的机遇点：别人不会的，你会，蛋糕自然是留给你的。

为什么2021年行业代理人数量减少了200多万人？很重要的一个原因是2021年1月重疾新规一出，透支了大半的健康险市场。我记得那会儿，我们团队一个月的业绩相当于之前半年的业绩，意味着什么呢？你周围该买保险的在这一波下来都买了，不买的怎么费力也没有用。所以，如果你还只会卖健康险，那么2021年的业绩注定都比较惨淡，而这个行业大部分人是只会卖健康险的，赖以生存的行业土壤都没了，黯然离场也实属正常。所以提高年金、增额寿一类产品的销售能力势在必行。得年金者，得天下。

那么问题来了，我们要怎么卖。很多朋友在早会上听了一堆专业知识，什么"与生命等长的现金流""锁定终身长期利率"，但发现根本无法运用到实战中去，毕竟客户找你不是来上新人班，听你讲专业理论知识的，客户需要的是什么？需要的不过是一个成交的理由。所以我总结了一套新人可复制可上手的年金三部曲销售逻辑，也是我自己带团队时，每个新人入职时的必修课，今天在这里与大家分享，简单来说：

第一步：锁定目标，精准打击。

第二步：强化需求，三个确定。

第三步：PK产品，步步为营。

我们先分享第一步：锁定目标，精准打击。说简单一点，就是要和客户先聊清楚，客户的这笔钱他到底是想用来干什么。为什么客户经常跟你说："保险收益低，特别不灵活，不如买套房……"而你又疲于解释大道理，客户完全听不进去。最关键的原因是你在开始没有和客户沟通清楚这个钱，把它规划起来后理财目标是什么。工具永远是为目标服务的，保险它就是一个金融工具，所以理所当然是为理财目标服务的。保险用来规划养老和教育特别适合，但对于那些想用来搏一搏，想单车变摩托的人来说，就没有任何优势。举个例子，大多客户都喜欢直接告诉你，先发个方案给他，他大概每年预算5万，先算一下10年的吧。这种场景我们经常遇到，客户想直接发方案，其实无非就是想知道收益高不高，我们能直接发吗？当然不能，一发这单也就黄了。

第一，计划书客户看不懂，人们遇到看不懂的东西，第一时间就是先放一旁，以后再说。所以你发完计划书后，客户不回信息，石沉大海也是正常的。

第二，犯了销售大忌，不先讲价值，直接上价格，没有一个正常客户会觉得保险收益高然后主动购买。如果真有，你还得小心点，看看他是不是对计划书中某部分内容理解错了。

第三，客户拿着你的计划书就找别家业务员去问这个产品咋样，你觉得在对手口中，能有好话吗？

有朋友说："对，方案不能发，发了客户就肯定会去比收益，所以我一定要告诉客户一定要注重安全，不能一来就光看收益……"这样也不行，你们换位思考一下客户的内心活动是什么：这些卖保险的天天就给我洗脑什么要安全要稳定，无非就是最后想把保险卖给我。

为什么你讲正确的道理反而不被客户所理解和认同？因为你的这一动作是在与人性做对抗。客户说我要向西，你非要拉着他往东，然后不停地讲道理：往东是对的，你觉得可能有用吗？客户觉得我是掏钱的，为什么要听你的。所以高端销售永远不要做反人性地动作，要顺应人性。

你可以换个思路去提问："王姐，你让我直接发计划书，是不是想比较一下保险的收益高不高啊。"

客户："是啊。"

销售："我非常认同你的做法，收益肯定是要比的，我们辛辛苦苦挣的钱，一定要做对规划，放对地方，不过我想问一下，我们在选择产品比收益前的第一步应该做什么啊？"

客户："不知道。"

销售："这就好比你今天问我，小邓，我要买车，帮我推荐一辆车，那我第一步是不是要先知道你开这个车去干什么，如果是去海南兜风，我可能会推荐一辆跑车。如果是去叙利亚，我肯定会推荐一辆坦克，因为它非常安全，所以选交通工具和选金融工具其实是一个道理。选择的第一步，一定要搞清楚我们的目标是什么。单纯的比工具没有任何意义，好比坦克和跑车光比速度没有任何意义，但比起谁更安全，答案不言自明，所以我得提前了解你这笔钱是准备用来干什么的，我才能帮你提出更好的建议。理财目标确定了，我们才知道用什么样的金融工具更能帮我们达到理想的效果。"

这样给客户举个跑车和坦克的例子，客户也容易听懂，同时不要教育客户不能只看收益，如果人与人在沟通过程中，你一来就否定客户，谁还愿意和你愉快地沟通，所以先认同客户是对的，然后告诉他第一步我们应该看这笔钱是用来干什么的，再来关心收益，没有反驳没有纠正，要在提问和引导中循序渐进。不然聊个半天，客户的需求都没弄清楚。如果这个钱，客户都不是用来规划教育养老或者强制储蓄，那我们把保险强卖给客户的胜算有多少呢？胜算肯定很小。

养老金的优势在于年年有，具有与生命等长的现金流。教育金的优势在于确定的时间有确定数额的钱，年金的规划放在这上面才能体现出它的优势来，而不是我们在客户面前自说自话的感动自己：保险好，保险棒，比银行更安全，比股票更稳定……为卖而卖。所以这就叫锁定目标，精准打击。

选择的第二步是强化需求，三个确定。这一步有多重要呢？很多客户一说，这个钱我准备用来给孩子当作教育金，有的朋友一听乐了，直接就开始推荐保险。结果又遇到了客户源源不断地反对问题："你这个不灵活，想用的时候拿不出来，前几年还没收益……"出现此类问题的原因，是因为我们直接跳过第二步来到了第三步，所以在锁定需求过后，我们不要急于抛产品，而必须提问做好需求的强化和三个确定。

什么叫需求强化，举个例子：客户觉得养老这事可规划也可不规划，60岁有钱就吃干饭，没钱就喝稀饭，那你这会儿是继续开始讲你的产品，还是先和客户沟通清楚养老规划是一件紧急且重要的事呢？所以要先确定目标是否100%必须达成的。如果不是，为什么要用保险来解决呢？

那什么叫作三个确定呢？比如，客户今年预算是5万元，明年家里要装修预算就只剩5000元，每年能拿出的金额都不固定，适合将这笔钱放在保险里吗？不适合。所以一定要确定金额，特别是你在做压岁钱切入年金销售的过程中，孩子的压岁钱今年可能有8000，明年可能会有1万，你又没有跟客户事前沟通清楚为什么要用一个确定的金额，那客户最后当然觉得这点小钱放银行最方便了。

如果后年客户的孩子就要读大学了，结果你还在用教育金去作为年金的切入点，明显连时间都对不上，你觉得成交的概率大吗？所以要确定时间，也就是多少年后会用到这笔钱，就像这个客户的这种情况，你用孩子毕业后的创业金或者婚嫁金来进行切入，就会非常自然，刚好年金的时间坡道够长，成交也会更容易。所以讲保险前的三个确定很重要，在这里我给大家分享一个小小的实战案例：

比如，客户主动来找我了解孩子的教育金，我不会被客户表面的需求迷惑，我首先一定会反问客户。

"姐，你刚才说要给孩子准备教育金，是真要准备还是开玩笑的呀？是无论发生什么情况，孩子的教育金一定都会给他准备好，对吗？"

客户都来找你了解教育金了，你当着他的面问他是真准备还是假准备，他脸皮再厚也会说真准备吧，不然这不成了逗你玩了吗？在得到客户的肯定答案后，我们接着问：

"原来如此，请问姐，既然要准备，你是打算每年固定给孩子存教育金，还是说想起来了今年多存点，明年如果要出国旅游开支大，就少存点，随意存呢？"

客户一般会回答："没想好，不知道。这有什么区别吗？"

"哎，怎么存其实不重要，只要是愿意存这个事情就会变得有意义。那我想先问你，如果今天我们要让宝宝从小养成爱存钱的好习惯，我们可不可以送他一个存钱罐呀？"

客户："可以呀。"

"那我想问，我们是送他一个有底的存钱罐呢还是没底有洞的存钱罐呢？"

客户："当然是有底的存钱罐。"

销售："为什么呢？"

客户："有底的不会漏，这样才存得下来钱。"

销售："是啊，你说得太对了，既然作为大人，我们教育孩子都要告诉他们，如果真要把钱存下来，一定是要存在有底的存钱罐里才能存得下来，那我们作为父母的要以身作则，既然真要把孩子的教育金存下来，那肯定也是存在一个有底的存钱罐。我想问，你觉得存在银行是一个有底的存钱罐，还是没底的存钱罐？"

　　你看，这时候就可以顺其自然的将银行和保险的PK也引出来了，其实大家通过刚才这些提问的引导和小故事会获得一些启发，我们都是能够提前解决掉客户的很多反对问题的，只是我们很多销售在和客户进行沟通的时候，不知道这些提问句背后的逻辑和意义，直接推出保险产品，这就容易处处碰壁。

　　做完锁定目标和三个确定，最后才是我们用保险PK金融工具的环节。其实看到这里，我相信很多朋友已经找到了之前为什么在销售年金的过程中，总是被客户的反对问题问得无从招架的原因了。因为前面第一和第二步的环节都被他忽视了，没有和客户做好调频就为卖产品而卖产品了。

　　那么是不是我们到了第三步，就可以尽情去给跟客户讲专业讲道理了呢，当然不是。我们常遇到的客户都喜欢将保险和买房、租房、基金定投、股票、黄金、银行理财来进行对比。今天，在这里和大家分享一个将保险和银行理财进行PK的思路。我因为经常给保险公司讲

课，所以会发现一些问题。有时候，我发现大多数朋友
接触到的客户可能不是谁都懂什么叫作股票基金，但无
论什么层次的客户，都一定会把钱存放到银行里，所以
只要你学会如何和银行PK，基本就已经能解决一大半的
对手了。

那么大多数朋友在将保险和银行进行PK的时候，喜
欢怎么去沟通呢，我们先来一一排雷，下次出现这种状
况先避坑，再用正确的方法解决：

1.银行太灵活了，存不下来，随时就花了，保险能帮你强制储蓄存下来

这句话一放出来，基本这个天就聊死了。因为之前
我们就说过，永远不要对抗人性，否定客户，这样的行
为会激起客户内心强大的排斥。客户会有逆反心理，你
说我存不下来，我就存不下来吗？你不懂我，我这个人
非常自律，我是能存下钱来的。然后，你和客户此刻的
聊天就会非常尴尬，一个拼命想说服对方，一个努力想

证明自己，这就形成一种对立关系，这个单怎么可能会签得下来？

2.银行理财产品已经打破刚兑了，还是保险最安全

我培训团队新人的时候，就分享过一个观点。永远不要在客户面前讲正确的废话，上面这句话就属于此类范畴。你说得都对，但我没感觉。老百姓是天然相信银行的，不可能因为保险业务员的宣导，就乖乖的觉得银行不安全，然后把钱放进保险公司，而且你越说银行不安全，反而越容易起到反面的效果，有的客户听完反而觉得保险公司更不安全了。客户会跟你说："银行20年前都安全，现在说打破就打破，那保险公司过两年不也有可能打破刚兑吗？看来钱还是捏在自己手上比较安全。"这次聊天，咱们把客户说得连保险都不放心了，这就叫自己搬石头砸自己的脚，所以别整天用恐吓营销去吓客户，往往适得其返。

3.发达国家都是负利率的，中国以后也是这样，银行收益只会越来越低

你永远都不要在客户面前去讲道理。这种话放在早会上给同行培训讲没问题，但你给客户讲客户是很难听进去的，因为成年人的世界就是不听道理的。何况你的道理，客户很多也都听不懂。你和他讲利率下行，他跟你说："没事的，小邓，现在跌了以后还会涨起来。俄罗斯不都涨到20%了嘛。"你看，这些话，你连回都不知道怎么回，所以专业知识我们需要自己具备，但不能要求每个客户都能听得懂，和客户沟通必须要让他们能听得进去。比如，我和客户沟通保险PK银行的时候，我的沟通点就在于"两个不确定"。一个产品不确定，一个收益不确定。

客户表明他在纠结把钱放在保险还是银行理财里的时候，我首先表达出来的是认同和赞美，而绝不会是一开始就否定客户，说放银行理财没有放保险里好。

销售："姐，我平时保险买得多，理财买得少，你看看我这理财买得怎么样（拿出手机，给客户一看收益3.3%），你的有多少呢？"客户说："我的有3.8%。"销售："哇，有这么高呀，怎么我买得这么低，好羡慕。"为什么一开始我们先要有这个动作，因为成交的前提条件是你起码要先调动起客户的情绪，把他哄开心。你这样一问，有钱的客户会说："那当然，我是某某银行的贵宾客户，买这个是有门槛的"，他会觉得自己不一样，很厉害。没钱的客户会说："所以年轻人一定要学会精打细算，这是我当时对比了好几家银行才找到的"，他会觉得自己会选会比，很精明，也很厉害。你看无论哪种客户，情绪都会被调动起来，你才有接下来继续沟通的机会。

销售："姐，看来这块你确实比我有经验，那请问你还记得银行5年前理财产品收益有多少吗？"

客户："6%。"

销售："3年前呢？"

客户："5%。"

销售："现在呢？"

客户："4%。"

销售："哦，5年前是6%，3年前是5%，现在是4%。姐，以你对理财产品的了解和判断，你认为3年后会有多少呢？5年后呢？"

客户肯定会说："这谁知道呢，我又不是开银行的。"

销售："是啊，未来的事情我们确实也无法预知，但我想请问，以你对经济走向的了解，你认为未来银行理财产品的利率下行是预测还是趋势呢？"

写到这里先和大家复个盘，毕竟看书不像直播间里的教学那么生动形象和连贯，平时我在演示的时候都会把在直播间的黑板上画一个表，实战沟通起来效果才会更好。我们一开始直接去告诉客户5年前和3年前收益有多少，是在说教，客户根本没兴趣听。但如果以请教的方式让客户自己说出来，客户会更有参与感。而当你提问3年后和5年后收益有多少时，客户答不上来，他才能体会到"收益不确定"的这种感觉。

接下来要用二选一的方式去提问，很多朋友讲到这里会想到通过数据去说服客户相信利率下行。其实这种方式是很难的，因为大多数人不接受利率下行的观点，所以他一定会选择性的不说趋势。而是说："是预测吧，谁知道呢？"，这样刚好又能顺利进入到我们的下一个沟通闭环里。

销售："是啊，确实是预测，毕竟国家调整利率的时候也不会征求你和我的意见，而推迟调整利率，这归根到底还是具有不确定性的。那我想请问一下，如果时光可以倒流回到5年前，银行的大堂经理告诉你：现在有一款理财产品可以帮你锁定每年6%的收益，你要不要锁？如果可以锁，你选择锁3年还是5年？"

客户："当然选5年"

销售："为什么要选5年呢"

客户："5年比3年划算呀"

销售："是啊，如果有一天连利率都可以锁定，我们能锁定的时间肯定是锁得越长越好。但是，现在我们还能时光倒流，回到5年前吗？"

客户："不能了。"

销售："是啊，确实挺可惜了，毕竟时间无法重来，钱不能乱花，但是如果我告诉你，现在有一个金融工具能够帮你锁定每年6%的收益，而且不止能锁定3年也不止能锁定5年，一锁定就能锁定30年，你愿意了解一下吗？"

讲到这里依然要先和大家复盘一下，这里的每年6%锁定30年其实是一个复利和单利的概念，复利3.5%如果拉通30年，基本就接近每年6%的单利了。如果拉通20年，基本就接近每年5%的单利了。

接下来，向大家介绍两条分支的沟通逻辑：

（1）要么直接切入增额终身寿，既讲清了复利单利的概念，同时也PK了银行。产品不确定，收益不确定。

（2）如果是快返年金+万能账户，这个时候带入万能账户复利增值的概念，再加上我之前在《挪储思维打通存款搬家销售逻辑》课程里讲的雪球和坡道的几个知识点，也可以展开销售。无论你卖的什么产品，其实都能很好地衔接上。

由于篇幅的原因，和银行的PK我只是简单地给大家分享了一个思路，最后在这里总结一下。

1.不要通过讲道理、搬知识的方式去说服客户，如果这都有用，那为什么同一家保险公司的业务员，有的年薪百万，有的工号都快保不住了呢？一样的产品，其实问题还是出在了实战中。

2.早会上的知识肯定要学，但不代表在与客户的实战中，你就要把它照搬出来，客户要的是成交的理由，不是你正确的大道理。

3.跟有结果的人学习，因为结果不会撒谎。

比如，今天我分享的这些实操干货，是我一开始做保险就会的吗？并不是，这只不过是我在无数的实战中，先自己入了坑，事后再归纳总结，再有后来的慢慢提升，所以我经常和团队伙伴分享。实战干货要么是自己从谈飞客户单子的痛里慢慢总结，要么就去学别人总结后的经验，这是最划算的，直接可以帮你绕过火坑。现在有了互联网，有了直播，我们学习的渠道真的越来越多了。如果我们还不知道改变和提升，做不好保险，只有一个原因——懒。

Four 4

一年直增六十人，

我的团队招募三大心得

我 2020 年从其他中介平台离开来到一个新公司，加入的又是一个异地团队，一切重头再来，我半年内拉起一个 60 余人的全国团队。曾有很多公司和团队邀请我去分享团队打造的心得，从如何正确面谈到高效辅导，接下来我和大家分享我的团队经营心得。

因为我在写销售心得的过程中发现，保险教学的分享可能还是在直播间边讲边复盘，再加上及时解答，学习效果更好。如果只是停留在字面上分享我的销售提问逻辑，不一定每一位朋友都能很好地领会，但我在团队经营上的思路，会通过文字带动大家进行思考，也许能带来更多的收获。

团队指数型发展的核心在于提前筛选

提前筛选并非只是传统面谈时的筛选，还有辅导时的筛选。先和大家分享面谈时的提前筛选。

团队快速发展的核心是什么？是不是必须得有一套高质量的培训体系？新人带不起来，一定是团队和公司的培训出了问题。

很多朋友带着错误的判断，这导致他们把绝大多数的精力花在了手把手地辅导和培训新人上，从邀请来参加公司事业说明会的那天起，就小心翼翼地把新人捧在手心：今天有谁准时参加了早会吗？最近有人出门拜访客户吗？今天的拓客朋友圈怎么还没发？

你辅导新人花了大量的时间和精力，结果新人班结束后，新人下市场，过了三个月你可能会发现新人一单未开，最后团队白忙一场，浪费了宝贵的时间和精力。今天，我们不去探讨这种方式的对错，但至少可以肯定的是，这样的团队发展效率是不够高的。

有时我们的团队发展速度太慢，或者新人培养效果不理想，不一定是我们的培训出了问题，很有可能是在增员时招募面谈的筛选过程中出了问题，把不合适的人带入了这个行业。

我们都知道面谈候选人时，要了解他的性格、学历、过往职业，但我一定会去先了解他的过往收入，太低的坚决不要，这不是嫌贫爱富，而是因为一个在过往行业收入才两三千的普通人在保险行业也真的很难挣到钱，做团队和谈增员时，我们天天思考的应该是去哪能发现优秀，吸引优秀，成就优秀，而不是天天把头都想破了，想怎么才能帮一个普通人去在这个行业获得成功。

我们不要太盲目相信自己有能改变一个人的能力，你看诸葛亮那么优秀都扶不起阿斗，我们为什么就有那种自信，找个现成的姜维不行吗？新人没带起来，你还妄自菲薄以为是自己或者行业有问题。真不是，可能是那个新人并不适合这个职业。

而且你在一个普通人身上花费了大量时间，手把手地辅导，最后只要他没挣到钱就离开了保险行业，也不会念你的好，还会埋怨你不够用心，怎么没把我辅导成材，这就是人性。而你在一个优秀的人身上哪怕没怎么花时间，他最后只要在这个行业做成功，也会念你的好，毕竟没有你，他可能也进入不了这个行业，抓住事业蓬勃发展的机遇。

你看，时间花在不同的人身上，得到的却是不一样的效果，难道我们在带团队的那一刻起，不应该先想明白这个事情吗？不要高估了我们改变一个人的能力，但也不要低估我们选择一个人的能力。

如果我们正确选择并判断了一个人是否适合这个行业，除了过往收入，以下几个维度也非常重要：

1.认知

很多人可能觉得这点比较虚，但并非如此。在和增员沟通时有些问题是必须要提前沟通清楚的。比如，我们常说的创业型思维和打工型思维，如果这一点大家都没有达成共识，新人入职后会发生更多的问题。为什么有的新人会纠结做保险有没有底薪，公司会不会给他指派客户名单？其实就是因为他还停留在旱涝保收的打工者思维中，打工和创业最大的区别在于资源是自己主动获取还是被动接收。

银行员工同样可以卖保险，源源不断的客户名单资源是银行提供的，他们只需要被动接收，然后负责成交，所以同样的产品佣金比我们低很多，本质上还是把时间卖给银行。而代理人除了要具备成交的能力，还需要具备主动拓客的能力。我们要把自己当成一家企业来经营，要打造自己的个人品牌，我经常和大家分享的《客户温馨提示函》《个人品牌贴纸》《保险人年终总结》工具的使用，这些其实都是主动获取资源的行为，所以保险行业有年入千万的大咖。但你没见过哪个在银行里卖保险的柜员能够年入千万，有能力的也早跳出来了，为什么有这种本事而不给自己打工呢？

所以当我们具备一个清晰的认知的时候，就清楚认识到卖保险是创业不是打工，你的收入来源一定是你为他人创造了多少价值，有的公司宣传的基本法是有底薪，其实也不过是有责底薪，用来作为新人招募的噱头和抓手可以，但如果抱着混底薪的想法来做保险，又怎么可能成功呢？

同理，有的公司会宣传我们能给业务员分配客户名单，其实分下来的也不过是一堆过往业务员离职后的孤儿名单，且不说刚打过去电话没一秒就被挂断，哪怕能对接上，其实二次开发加保的空间也很少。所以做保险与其等着被给予剩余利用价值低的资源，还不如学会如何去开发新的资源，开发那些高信任度的高价值资源，而这些其实考验的就是我们做客户经营，主顾开拓的能力。

这一能力的获取更多的源于优秀公司和团队的辅导培训，特别是一些工具和科技赋能的加持，所以与其关注一些增员的噱头，我们应该更多地把注意力放在选择怎样的平台上，这会提升我们的主顾开拓的能力。

2.目标感

一个人做事是否有强烈目标感，会极大的关系到他在保险行业的成功率。我们谈增员的时候都喜欢用"时间自由"来作为吸引别人加入的理由，但是却不知道，这里的自由包含着两个不同层次的维度。

一种自由，是想来开早会就来，想见客户了就见见客户，工作没有统筹安排，学习没有系统规划。这是滑翔懒惰，随风摇摆的自由，工作状态基本和散兵游勇没有任何区别，当然业绩肯定也不会很好。

另外一种自由，是做自己首席执行官。工作是弹性的，时间可以自己定，内容可以自己安排。今天精力充沛，上午就可以给团队做个培训，下午还可以开车去见个客户。觉得累了，体力透支，明天可以中午再上班。平时留出健身、社交、写作、学习的时间，其余时间都可以自行安排，又可以打拼事业又可以兼顾家庭，业绩和团队一直保持正向上升。这是两种不同的自由状态，一种低级、没钱，一种高级、有钱。我相信大家向往的都是第二种高级的自由，那为什么很多朋友最后都活成了第一种自由呢？

其实区别就在于你是否有着强烈的目标感。我这个月的业绩目标是照顾到12个家庭，那么我一定要先梳理一下目前跟进客户的数量有多少。如果只有15个家庭，能照单全收的概率有多少，如果只有60%，那么还差3个家庭名单。这样的话，我就要开始制定拓客计划，是去月子中心还是要加入一个宝妈群……

　　你看，这就是有规划的工作节奏，先定目标，再想如何完成目标。而不是有人来咨询了就赶紧上，没人问了就天天在那混日子干着急，每天毫无目标。就像健身减肥一样，有规划和没规划是一定有区别的，你给自己定的目标是一个月瘦30斤，那么根据你来健身房的次数，就要大致算出你必须每次需要消耗多少卡路里，同时还要控制好自己的碳水摄入。今天要是吃多了，明天就要多练多少，这些规划好了，才能更好地达成目标，不然你一来就天天待在健康房，目标就是：我要瘦，再厉害的健身教练也很难给到你帮助。

　　所以和新人面谈的时候，我们需要去了解判断这个人是否是一个目标感很强的人，从过往完成工作的一些表现，包括运动健身的一些习惯，都可以抓取到有效的信息。虽然我们在后期新人辅导上，针对一些低目标感的伙伴，可以通过目标制定，活动量管理来进行帮助。但是如果准增员本身是一个毫无目标感的人，这些帮助其实还是收效甚微。

3.行动力

行动力很重要。我还记得2016年刚做保险的时候，同期新人班的小伙伴跟我说，他觉得写公众号是一个不错的拓客方式。结果我三下五除二地写完几十篇了，我看他动都没动，我问为什么？他说要把定位和方向都确定下来，我的天，这种事情哪有人天生就会，都是边做边学，碰壁了就总结经验，而不是天天在那想我要怎做才能做好。等你想好了，机会窗口可能早就过去了。

所以无论做任何事，一个人的行动力真的特别重要，尤其是做保险。你看新人班上不同人的表现就知道了。有的同学听完课就开始列名单，列完后就开始邀约，约出来就实战，遇到不清楚的情况就回来救助主管，多摔几次跤也就成长起来了。最怕的就是有的新人刚列名单就在那里纠结，"啊，这个人会不会拒绝我啊，感觉他平时挺严肃的"，"这个人不能写，约不出来挺没面子的"，"某某某感觉平时工作忙，应该挺难约的，算了，不写他"。你看，什么事都没做，你就已经给自己加了无数场内心戏，想这么多干什么呢？谈过了才知道，无非就两种结果，要么买了变成你的客户，要么不买。实在不买，只要你三讲做得好，也可以变成你的转介绍中心，你都不亏。

还有的人在新人班一学就是几个月，天天关起门来学产品，或者就是到处听各种大咖的课。这些事情不是不能做，而是对于一个新人来说，眼前最重要的就是下市场，在实战中熟悉你的销售流程，锻炼表达能力，学习一定要分阶段。所以很多新人没在这个行业存活下来，他们就是行动力不够，想得太多做得太少造成的。

我经常跟团队伙伴分享，"你偶尔谈崩一个客户没什么关系，以后能力提升上来再谈回来就可以，但你连客户都没勇气去谈，那就永远不会有第一和第二个客户。"急功近利可能会导致失败，但总好过畏首畏尾，因为一直纸上谈兵而不付诸实践注定会让你一事无成。

分享完面谈筛选，如果发现这个人好像是我们想要的人，就应该马上投入我们大量的时间和精力去手把手地辅导吗？一两次的面谈其实很难让我们去真正地了解一个人，就好比一见钟情终究抵不过来日方长，所以还需要用时间来筛选过滤。在新人面谈过后，在上公司的新人班之前，我会发给他一个团队的线上小打卡程序，里面录好了我们的保险课程，类似于一个缩小版的线上新人班，有讲保险的理念与功能，有讲家庭保障的配置框架，有讲与客户沟通健康险销售的成交流程。比如，第一课是线上事业说明会，课后的作业是：为什么加入保险行业？为什么加入某某公司以及我们团队，你希望在这个行业做成什么样子，你的目标和规划，你的优势和劣势。

准新人在听课后提交作业，我在后台观察他每一次打卡闯关作业，能了解到他的很多信息，为自己接下来的辅导提前做好准备。对于新人来说，第一关能帮他打磨好一个初步三讲框架。这些在他今后的市场实战中都是很有帮助的，同时养成听课+打卡的习惯，建立起良好自律的工作模式。

大家看完会发现，通过这种线上小打卡的双向筛选，其实能大大提高我们接下来的辅导效率，原因有三点：

1.通过新人的打卡作业，我们可以提前了解到他的从业意愿，那种连课都不愿听，作业都草草了事，或者三天打鱼两天晒网，听两节课就再没下文的人，这种后期就算入职，你投入再多的精力，成功的概率也基本为0。

2.我们从作业中能看出新人的学习和理解能力。有的人在作业内容的语言组织上前言不搭后语，甚至还有人说听不懂的，那么这种新人后期在保险能做成功的概率有多大，作为辅导者的我们就能做到心中有数了。

3.我们可以站在新人的角度去思考一下，在了解你的团队之初，他也会担心：你们的辅导和培训真的那么好吗？讲的是否落地，我真能学会吗？

其实通过小打卡你录好的课程，他能提前了解到你的团队培训质量如何，到底能不能学到干货，用优质的培训去吸引新人也是我一贯坚持的观点。因为过往行业增员的点在于晒自己的收入和结果，都说自己的培训班是行业里的黄埔军校，那么与其事先"画饼吸引"不如升级为"内容吸引"，小打卡里有我的课程培训，学完自然能让准增员心中有数，降低他在纠结是否入职时的决策成本。

不然新人入职后发现现实情况和你之前增员面谈时宣传的表里不一，也会转身走人去另一个平台，那我们前期的时间其实也被白白消耗掉了。所以大家会发现前两项，对于辅导者来说，我们能了解到很多有用的信息，为接下来的入职辅导做好针对性的帮助，或者遇到确实不适合的朋友，提前拒绝，节约大家宝贵的时间。而最后一项，对于准增员来说也能让新人在入职之前提前对团队有一个初步了解，并且小打卡里还有其他准增员的打卡作业，也能让参与打卡的准增员提前感受到团队的学习氛围，形成一个提前互相筛选与了解的良性机制，不然团队长带新人，毫无判断就投入大量时间和精力，到头来白忙一场，把辅导变成了开盲盒，这会浪费掉我们很多不必要的时间。减少时间成本，才能提升我们打造团队的辅导效率。

增员面谈的底层逻辑在于：
创造价值晒结果

　　和准增员沟通的时候如何才能一锤定音，吸引他加入？很多朋友说见客户时，都知道第一步，第二步聊什么，但一面对增员，我就不知道从何下手该聊什么了。我在2020年的时候直增了60人，面谈过的人至少也有80人。后来，我在辅导团队的时候做过增员面谈的系列总结，其实和谈客户的框架是一样的，无非都是取得信任，满足需求。取得信任靠高效三讲，满足需求靠挖掘需求，放大痛点，最后给出解决方案。今天在这里和大家做一个分享，我们先来看看大家常用的错误逻辑。

很多人谈增员还停留在公司好，培训好，我很好，这种很初级的沟通逻辑是非常乏味且无效的，为什么？因为当一句话所有人都可以这样说时，它一定是一句典型的废话。

这句话的底层逻辑在于我很好，你就应该加入，大错特错。这就属于孔雀开屏式一厢情愿的自娱自乐，你错在三点：

1.你的成功是否可以复制，如果不可以和我有什么关系

很多人喜欢去突出自己的成绩和结果，不是不可以，必要的时候晒结果是应该的，不然谁会跟着一个平庸的人去做保险呢？但是在突出自己获得成绩的同时，一定要关注你面前的这位候选人是否能复制你身上的点。比如，面对一个能力强，但资源稍差的候选人，你难道要

跟他说我业绩做到销冠是因为家里开了三个月子中心吗？那样对方只会觉得，你厉害是因为资源好。我复制不了，我们不是一路人，我要去找一个和我成长路径相似的辅导人。在这种候选人面前，你的沟通逻辑应该是：我开始资源也非常普通，但是靠着公司的专业培训和拓客系统的支持，让我慢慢积累起了一批种子客户，并且我也在大量的实战中总结出了一套适合普通人的拓客方法。

这样讲，准增员才会认为他能从你身上学到对他有用的知识，而不是看不到任何的可复制性，所以大家都知道保险公司的事业说明会，分享嘉宾的基本逻辑都是：一无资源，二无人脉，靠自己就能逆风翻盘，白手起家了吧。这套逻辑能够得到大多数人的认同和共鸣。他的成功，我也可以。同样，以我的例子为准，大家都知道我是以线上拓客起家的，如果我见每个候选人都讲这个经历，讲100个，99个都会失败，因为大多数人会觉得，自己不会写文章，不会拍视频，你的这套自己更复制不了。

　　所以我在谈增员的时候，我会强调现在做保险在线上要打造个人品牌，这不是选择题，而是必答题。专业的培训不是稀缺的资源，因为每个公司都有大咖团队，但在专业培训之外，我能给你提供更多的赋能。那些有能力有意愿，想打造线上个人品牌的伙伴，我能给你支持和辅导。因为我一有经验，二有方法论，而不是你到时想做线上了，一问周围的人，没一个会，便无从借力。我有线上打造个人品牌的方法论，但不是只做线上，线下的专业培训也在做，线上线下两手在抓，两手都硬。然后，我提前拉群让他听我的线下拓客和销售实战的课程。等他听完课程后发现内容都接地气，可以用于实战的时候，自然就能打消他的担忧和顾虑。

2.过度炫耀容易引起对方反感

　　像以前的微商晒豪车的逻辑一样，我们也喜欢在增员的时候晒自己的工资单，我觉得这个是没有问题的，我自己也经常会用，成功吸引成功，这个是很正常的。但这一招并不适合所有人，用在男人身上特别管用，因为男性思维天生喜欢追随强者，但有的准增员并不吃这一套，有的反而觉得这是在炫富而心生厌恶，那怎么去判断什么时候适合使用呢？

那就要提前了解这个准增员的从业目标，有的就是奔着百万年薪，实现人生逆袭来的，这种人适合晒结果，但也有的人就是想把保险当成一个小副业挣点外快，带带孩子顺便挣点零花钱，没太大追求。这种人不适合，还有的是带着强烈情怀而从事保险行业的，学历较高者，这类晒结果的动作慎用，因为谈增员和谈客户是一样的，都要做到因人而异。

3.没人关注你怎样，只关注我能怎样

优秀的人都是具备同理心的人。因为普通人只会单向炫耀证明自己很优秀，如果你在准增员面前一味强调自己的优秀，而不注重对方的感受，那么准增员心里也

会产生微妙的变化：你有1000人的团队，你是公司大绩优，那会不会时间很宝贵，根本没有多少剩下的时间分配到我的身上。我的加入对你的团队来说可能无关紧要，就像一片无人重视的绿叶。如果产生这样的想法，那他也随时可能会去别的团队，所以我们应该在面谈时充分顾及对方的感受，提前发问。像做销售时的反对问题前置一样，把问题当面解决，而不是留准增员自己在那百般纠结，最后和你擦肩而过。

比如我经常会提前问：你会不会担心我业绩做得好，团队人也不少，平时我又要做业绩，又要带团队，可能根本没有多少时间来给到你手把手地辅导？当得到准增员的点头时，我会告诉他：是的，一个人每天的时间确实都只有24小时，放在这块的时间多了，另一块便少了。你的担忧很有道理，但是我们要知道如果一个团队长不做业绩，不下市场，就不可能得到实战经验用来辅导自己的组员，所以我如果作为一个新人希望得到的是团队长真正有价值，能开单的帮助，而不是用大把的时间拉着我讲一堆正确的大道理和无法用于实战的指导。

其次，团队人数虽然多，但不是每一个组员都会占用我的时间和精力。因为我们还有成熟的培训体系和学习功能小组，我目前只需要把精力放在每个月新进入的几个新人身上，在他们新人期内手把手地辅导，3个月后他们基本都能下市场独当一面，遇到需要帮助的时候再点对点的沟通，这样自成裂变体系的团队辅导模式才好过团队长一个人在吃力费劲的传帮带，这也是我们团队为什么能快速发展的原因。

然后我打开电脑会给他展示我们的《新人成长辅导日历》，入职团队的每个新人都会建立专属的跟踪档案，每天没听课或者听错课的人，主管在后台都能一目了然，及时进行提醒，面谈客户的过程中遇到什么问题，我都会按照团队的复盘模板表整理好，主管也会在第一时间给予及时地指导，这样就可以打消新人的担忧和顾虑。

建立实战复盘档案

成华保险事务所

案例复盘有逻辑,销售过程可回溯

既是对实战的复盘,发现自己哪步没做好,有待改进
同时也让辅导人第一时间能够了解,减少沟通的时间成本,提升辅导效率

今天 ‹ › 2022年2月					日 周 月	
周一	周二	周三	周四	周五	周六	周日
31	2月1日	2	3	4	5	6
7	8	9 源馨小区陈姐 银行养老专属理财PK	10 天天视机	11 移动李	12 "四无人员"如何通过社群破	13 源馨小区陈
14 健康购故事汇 源馨小区陈	15	16 andy	17 三峡银行 王 线上签单如何步步为赢	18	19	20 《如何利用2022回规规划
21 鲍哥 源馨小区陈	22 andy 靓哥 如何对客户产生链接并唤醒	23 andy 天天妈妈	24 嘉鑫姐 天天妈妈 李阿锁	25 人人都可以快速上手的拓客	26 医院吴女士	27 健身海王
28 鲍哥 移动李	3月1日 姐妹拿铁衡生长 鲍哥 菖鑫姐	2 95后保姆英晋MDRT成长之		andy 保险人如何通过管理微信增 陈规煮		铜金科冒探索之路 平安 李茂(了解团队)

　　我们必须学会在和准增员的沟通过程中，提前挖掘他的担忧并解决，这就需要我们提前通过判断和观察去了解他担忧的是什么，而我通过什么样的方式能帮他解决他的担忧。所以看到这里，大家大概能够理解为什么标题叫作"创造价值晒结果"，创造价值在前，晒结果在后。如果不能让准增员看到你能帮他带来什么价值和帮助，一上来就晒结果只会让人觉得是在炫富。

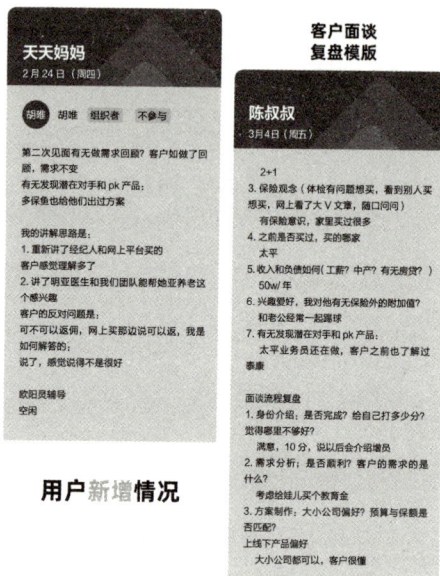

天天妈妈
2月24日（周四）

胡唯　胡唯　组织者　不参与

第二次见面有无做需求回顾？客户如做了回顾，需求不变
有无发现潜在对手和pk产品；
多保鱼也给他们出过方案

我的讲解思路是：
1. 重新讲了经纪人和网上平台买的
客户感觉理解多了
2. 讲了明亚医生和我们团队能帮她亚养老这个感兴趣
客户的反对问题是：
可不可以返时，网上买那边说可以返，我是如何解答的；
说了，感觉说得不是很好

欧阳灵辅导
空闲

用户新增情况

客户面谈
复盘模版

陈叔叔
3月4日（周五）

2+1
3. 保险观念（体检有问题想买，看到别人买想买，网上看了大V文章，随口问问）
有保险意识，家里买过很多
2. 之前是否买过，买的管家
太平
5. 收入和负债如何（工薪？中产？有无房贷？）
50w/年
6. 兴趣爱好，我对他有无保险外的附加值？
和老公经常一起踢球
7. 有无发现潜在对手和pk产品；
太平业务员还在做，客户之前也了解过
泰康

面谈流程复盘
1. 身份介绍：是否完成？给自己打多少分？
觉得哪里不够好？
满意，10分，说以后会介绍增员
2. 需求分析：是否敏利？客户的需求是什么？
考虑给娃儿买个教育金
3. 方案制作：大小公司偏好？预算与保额是否匹配？
上线下产品偏好
大小公司都可以，客户很懂

讲完面谈的底层逻辑，大家对此有了一个初步的了解。我之前在授课过程中分享过与增员面谈时取得信任的三大价值，简单来说就是：

1.行业价值

说大白话，就是你为什么值得来干保险，为什么要加入保险行业，行业趋势如何？过往行业的痛点在哪？人海战术、人情保单、从业人员鱼龙混杂、返佣飞单……如今行业的拐点在哪？大量低端没有附加值的业务员被市场淘汰，市场需要专业走精英路线的从业人员来满足客户的多元化需求。背话术、送礼物、请客吃饭，这种套老的保险营销方式走到末路，用专业武装展业技能、个人品牌赋能IP的新型从业方式正在不停更新迭代……

通过行业的发展和变化让准增员改变对行业的错误看法并建立对未来发展的基本认知。

2.职业价值

从事保险营销员这份职业能给你带来什么：时间自由、收入上不封顶、容易得到社会和他人的认可、打拼事业的同时能够兼顾家庭……

3.个人价值

在你面前的我能帮你带来什么价值，而且是别的团队不可替代的价值。这一条我细讲，第一条和第二条由于内容太多，不能一一展开。

在这里，我先和大家简单分享其中的一套关于如何讲清自我价值的模型，简单来说就是9个字：我曾经，我现在，我希望。

（1）我曾经

我之前是做什么的？都说了是为了取得信任，面前的准增员连你之前是干什么的都不知道，让他如何信任你，就好比出去相亲，最开始自我介绍的时候要讲讲自己是干什么的，不然瞎聊了半天之后，对方问一句：你之前是从事什么工作的？就显得特尴尬，陌生人见面后要先介绍清楚自己的过往，这是拉近信任重要的一环。

有人可能会觉得这不是很简单吗？反正我之前做什么直接告诉他不就行了。错，之前我们就提过，你的过往经历说出来应该是能够和面谈的这位准增员引起共鸣的才是最好的表达。比如准增员的画像是国企的中层，现在遇到职业瓶颈，正在徘徊和了解保险行业，想做但是又担心全职出来从事保险行业风险太高。结果你在介绍你过往经历的时候，一味地说自己名校大学毕业，当初从大厂企业裸辞创业做保险，如今做得有多优秀。你自认为说得很精彩，但准增员可能根本听不进去。因为他会觉得你们的人生轨迹不同，不是一路人，你和他在面临择业时的选择根本就不同：私企能和国企比吗？我当初进来是多么的不容易，你哪能懂我此刻的纠结和两难。如果这个时候，我们在介绍自己的过去时换一个思路就更容易拉近彼此间的距离了。

"当初我从某某名校毕业后，就一直希望能进入国企工作，因为稳定体面待遇好"（表面赞美和羡慕，实际在引发对方的不安不满。人性就是这样，你说得越对，对方就会说不对，你越说做保险收入高机会多，对方就会觉得风险大不稳定，你表面上说你羡慕国企生活，对方自然就会觉得稳定有什么好，但是收入低，体面有什么用，一眼望到头，这就叫表达沟通的小技巧，和卖养老金是一个道理，你越说社保不够，客户就越觉得差不多，养老能喝上稀饭就够了。你越赞美客户公司福利好有社保，老板真有良心，他就会马上开始吐槽，福利一点都不好。哪家公司不都要买社保吗？这以后哪里够用，这就是人性，所以无论是销售还是增员，有时沟通中的逆向思维也很重要。）

"我一直没能进入国企，进入了一家私企，后来发现这家公司福利待遇其实也不错，并不是我们外界以为的那样，私企没保障，说哪天关门就关门了（构建共同的过往经历，你在国企我在私企，但其实我的工作性质也很稳定，"我和你一样"是最能拉近彼此距离的心理感受）。""后来之所以考虑做保险，不是因为这个行业收入高。收入高只是表面现象，让我最后做出选择的是因为我不想过这种一眼望到头的生活。"

你看，这样去讲述你的过往经历是不是更能得到准增员的共鸣。其次，在讲我曾经时还可以用到过往的经历为现在背书。有的人总觉得只有找不到工作的人才会来做保险，低端且低门槛。你告诉他，你曾经是三甲医院的医生、律所的律师、企业管理员，现在来做保险，其实除了展示你的优秀，也打消了他的顾虑。谁说干这行的都是走投无路的人，我不也来了吗？

就像我团队有个伙伴从事保险行业前是银行的行长，他无论是跟客户还是增员提到他的过往经历，都不会有人会怀疑他从业的决心，反而会增加更多的信任。这就用事实消除了准增员对行业的偏见和顾虑。

（2）我现在

接着讲，我现在说复杂一点，告诉对方跟我一起做这件事情的行动价值，说简单一点就是"我为什么会选择来做保险"。大家千万不要觉得这个不重要，小学我们读历史书的时候都知道陈胜吴广起兵的时候往鱼肚子里塞个丹书布条，上面写着：大楚兴，陈胜王。刘邦起兵时也要去斩个白蛇，为什么要这样？其实总结一下就是为了让这个事情在外人看来是师出有名的。

同样的，你为什么要来做保险？这个无论是用在销售还是增员环节都非常重要，你自己都说不清楚为什么，别人凭什么跟你一起做呢？有的人是因为过往买的保险理赔后让他看到了保险的价值，所以投身这个行业希望用自己的努力去让更多家庭建立保障。有的人是因为过往职业遇到瓶颈，希望给自己的人生创造更多可能，所以选择保险创业。难不成你跟别人说，你之所以会来做保险是因为听推荐人说是因为上班不用打卡，时间自由想试试。要这样说，你看谁敢在你这买保险，谁敢跟你去做保险。

我们很多人都喜欢去增员宝妈群体，我也喜欢，但有的宝妈家庭条件好，吃穿不愁，你和她讲基本法收入高，人家不感兴趣，又不缺钱。但有时一句精准打动痛点，话就能吸引对方的加入。比如，孩子3岁前需要的是陪伴，3岁后需要的是榜样。这就给对方提供了一个行动和选择的理由。

（3）我希望

前两条其实很多人都会讲，但我发现讲"我的愿景"这里，是很多人不会讲的，或者根本就不敢讲、不好意思讲。

因为这个世界大多都是普通人，我们从小接受的教育就是要脚踏实地，但问题是普通人的思维很容易限制我们挣到钱。你看看挣大钱的人往往都是贩卖梦想、贩卖愿景的高手。比如那句熟悉的"让我们为梦想窒息"，这才是吸引人才最具杀伤力的武器。勇敢地告诉你的准增员，我进入到这个行业，我的目标是什么。百万年薪、1000人团队长、靠自己的努力一点一滴还原行业应有的色彩、孵化100位MDRT中国会员等等都是你的目标和愿景。

不要觉得不好意思，刘备当年增员关羽和张飞的时候还说他要匡扶汉室，别忘了那个时候他还在街边卖草鞋，但那又怎么样呢？没成功才叫画饼，成功了就叫志存高远，既然担心别人的看法，那你把这事做成功不就行了吗？

刚才说的目标都比较宽范，有没有一种方式可以做得更聚焦一点，我建议大家可以从团队名字去切入，学会去定义一支团队。比如，我要建立一支怎样的团队，团队的名字是什么，为什么要取这个名字，分享一个我沟通逻辑，给大家做参考。我的团队名字为什么叫作成华团队？这是因为我在建立团队的第一天就开始思考如果我们对团队未来愿景没有一个明确的定位，很容易就会陷入困境以及付出一些不必要的时间成本，这个时候我们首先需要去定义一个团队。好比复仇者联盟，大家都是身怀绝技的大英雄，那大家聚在一起，抱团的意义何在呢？我当初思考团队名字的时候，取名成华，寓意为"彼此成就，不负年华"。为什么取这个名字？以前有人跟我说有些团队拔尖的就是几个人，其他人好像都是陪衬，默默无闻，但我一直认为，在一个团队里大家的关系绝对不是鲜花与绿叶，而是百花齐放，姹紫嫣红。

有人担心，我来到团队会不会也是让我写100个名单，熟人卖光以后，就弃如敝履。

就像拧毛巾一样，拧干最后一滴水，消耗完最后一丝人脉。然而，我认为一个优秀的团队，对大家而言应该是赋能，而不是消耗。我们通过打造功能性团队，与成员充分赋能，帮助每位伙伴快速成长。既有专业培训作为支撑，又能打造起自己的个人IP，同时借力团队品牌，反哺每位伙伴做大自己的团队蛋糕。"岂曰无衣，与子同袍"不是谁成了谁的炮灰，而是大家都能够砥砺前行，彼此成就。所以第一个字叫作"成"，那"华"字有何寓意？

所谓优秀吸引优秀，我们希望吸引而来的是高颜值、高学历、年轻有活力的优秀人才。因为学历相当，认知同频，所以更能共振，形成合力。兼职我们不予考虑，本科以下我们委婉拒绝，只有标准统一，提前筛选才能打造出一支有标准有门槛的优秀团队。

我非常感恩自己在这个年纪找到了自己可以奋斗一生的事业，同时我也希望自己能够成为你们行业的"贵人"，搭建起优秀的"团队"，来助力伙伴迈向成功的彼岸。无畏青春，不负年华。团队取名成华就是意为：彼此成就，不负年华。

这是我平时与人沟通时用来定义团队的一套逻辑，大家其实可以发现，沟通下来就把团队的目标和规划，门槛和条件，包括价值观都很好地展示给了对方，这就是通过定义团队，植入愿景去吸引优秀人才的方式。

同时，针对不同层次和状态的准增员，我也聊过我不同的规划和愿景。团队建立之初，要求会放得低一点，所以面对普通的伙伴，你可以告诉他团队的未来是可以让普通人在这里闪闪发光的，这样对方才不会觉得高不可攀，望而却步。面对业绩优秀的人过来的时候，由于对方在专业上的需求相对较少，我会告诉他我希望把团队打造成保险业个人品牌界的黄埔军校，对方会觉得来我们团队能得到其他地方无法给到的支持。所以针对不同准增员的情况，要因人而异，用不同的愿景来沟通和吸引也是一种很好的做法。

回过头来总结一下，高效三讲的9字原则：我曾经，我现在，我希望。打磨一套适合自己的模板，在今后的增员面谈或者社交场景中随时都能拿出来用，增员不打无准备的仗。

最后，再和大家分享一套我在社交场合中的增员脚本。大家可以利用这套脚本在最短的时间内展示价值，吸引优秀，在朋友聚会等社交场景中随时都能用得上，给大家作一个参考：

大家好，我叫邓华，刚才认真听完你们的介绍，我很开心，今天又认识了这么多有趣的新朋友（传达我在用心关注你们）。我平时的爱好和你们一样（建立链接）也很多，喜欢健身撸铁，做过美食节目嘉宾，爱好写作，所以我开通了自己的个人公众号和抖音（打开公开象限，让别人看到丰富的你）。我会在上面分享成长和职场的感悟，也慢慢积累了一帮志同道合的小读者，全网粉丝8W+。也曾以保险顾问身份接受新华社采访，所以我在保险方面有一定的专业沉淀和个人品牌（传递我的价值）。这是我个人介绍的第一部分，那么第二部分是（承上启下，让听众觉得你说话有逻辑，快讲完了，不会是一堆浪费时间的废话）。学习对于我来说很重要，就像我微信签名里面写的那样：成长，才是永恒的刚需（立人设）。进入保险经纪人这个行业之前，我是一名普通的公务员，一开始没有资源，没有客户，只有逼着自己死磕专业，输出内容。靠着打造个人IP，建立了一支优秀的全国团队（我的曾经）。孵化1000位MDRT中国会员是我的星辰大海，我希望能把我的团队打造成保险人个人品牌界的黄埔军校。（讲使命和愿景）

一同成长，一同和大家分享所感所获。大家可以关注我的公众号，我希望和大家成为朋友（放心不卖保险，点个关注就行）。

是不是发现介绍简短，却能够说到重点，展示价值？我们做保险任何场合都不打无准备的仗，除了这种增员"三讲"，还包括不同场合拓客"三讲"。我都是会在带团队辅导新人的时候，让他们参考模板，每人准备好几套适合自己的"三讲"，关键时候拿得出，不错过每一个增员和拓客的机会。

面谈提问五步走，让增员一锤定音

　　无论增员还是成交，无非是取得信任，满足需求。第二节内容和大家分享完怎样取得信任，接下来我们聊一聊如何满足需求。

　　我们平时谈客户都知道要以需求为导向，而不能为了卖产品而卖产品。同样的道理大家都懂，但一遇到谈增员的时候就忘了。很多朋友一来就跟候选人说："我们公司好，培训好，我们团队棒，保险业年入百万不是梦，快加入吧。"对方有无需求你都还没有分析出来，增员谈不动也是正常的。所以，今天我在这里和大家分享一套我的增员面谈五步走，学会这套提问逻辑后，大家按照步骤一步步循序渐进，我相信效果会大大提升。

这五步的名字分别叫作，找到痛点、放大焦虑、给解决方法、提升价值、降低门槛。

接下来我手把手和大家分享每一个环节如何落地实战。

1.找到痛点

我们都知道卖年金做需求分析的时候，有一个环节叫作唤起对方的不安不满，从而引出对孩子未来教育、自己未来养老的担忧，这时才能慢慢引入保险的沟通。所以前期其实就是在做一件事：找痛点，再打痛点。

你看高手卖东西哪个不是一来就是打痛点，只有小白才会只推销产品，我记得去年过年的时候看过一次某知名主播的直播，对其中的一套直播话术印象特别深刻，简直可以作为各销售行业教科书式的脚本。他当时是在卖一条价格100多的金项链，你让我们普通人去卖，说来说去无非就是这条项链我家的质量最好，价格也是最便宜的，戴你身上特好看，今天搞活动错过就没了。

而主播的第一句话是："过年回家，你有没有遇到这样让人头痛的一个问题，几年没见面也没联系过的同学结婚突然打电话来邀请你去参加，你说包个份子钱吧，包200元好像太少，拿不出手。包500元呢，感觉关系也没到那份上，又给得太多。"你看这句话就是典型的先给场景，再打痛点，这确实是我们大多数人过年回家遇到的事，打到痛点后，马上开始卖产品。

"没有关系，今天我给宝宝们想到了一个好的解决方案，这条手链在商场柜台卖598元，今天在我的直播间只需要168元就能把这条手链带回家，到时送礼的时候放在红包里，只花100多就送出了500多礼物的效果，不用再担心包少了没面子，包多了心又疼的问题"

先打中痛点，再给出解决方案，是不是成交效果一下就上来了。同样的道理，谈增员时，也一定要先找到准增员的痛点，不然就成了毫无意义的闲聊和不痛不痒的瞎聊。

我总结了大多数准增员的痛点，其实就是以下几个：

（1）收入瓶颈。对目前以及过往的收入不满意，希望得到更高的收入提升，这类朋友往往对生活品质有较高的追求。

（2）二次择业。这种情况多存在于个体户或者中小创业者。因为本行业进入下滑周期，而成本依然在追加和投入，所以在找寻新的项目和行业。

（3）无法兼顾家庭。这种情况以女性居多，希望能把更多的时间放在陪伴孩子成长上，希望有自由的工作时间，所以哪怕目前收入稳定或者高薪，但因为个人时间得不到很好地满足，也会考虑尝试新的工作。

（4）对过往工作经历的不满。可能过往的工作收入、时间方面没有问题，但是人际关系、工作氛围让人窒息。比如反感过往工作晋升靠裙带关系，请客送礼；天天疲于应酬，让人厌倦等。

当我们了解了准增员可能存在的潜在痛点后，才能做到心中有数，有一个基本的画像，知道哪些人群可能是我们适合增员的。

首先在邀约时，我们脑子里就应该有一个判断。如果对方连这些痛点都不存在的时候，其实这时做的邀约就是无用功，连第一步都约不出来，更何况后来的面谈。如果一个准增员没有收入上的不安不满，他一个月5000块就很满足了，你约他来了解一下，保险是朝阳行业，收入上不封顶这些话题的时候，对方自然不感兴趣。但如果准增员对收入瓶颈有不安不满，你直接就可以这样邀约："都说男人三十，职场半坡，面对这份一眼能够望到头的工作，我们是否有第二次大胆选择的底气，也许我们缺的不是勇气，而是一次开启人生新赛道的事业机会，某人从某某行业到保险行业年入百万，一年时间他是如何做到的，欢迎你来参加我们的事业说明会。"

第一句话打中痛点，再给解决方法。来参加我们的事业说明会，自然邀约的成功率就会大大提升。再举一个例子，针对无法兼顾家庭的准增员，我们可以这样邀约，"工作绝不是人生的全部，家庭才是人生最终的港湾，都说鱼和熊掌无法兼得，但这里刚好有一份工作能够让你同时兼顾，我们公司的某人将会与你分享她是如何做到在打拼一份自己的事业同时，还能兼顾家庭和生活"。你会发现这样的邀约效果之所以好，就是因为精准地打到了痛点。

2.放大焦虑

光打痛点还不够，高手还会不停地放大焦虑。前期焦虑放得足够大，后面给出的解决方案就会起到更好的效果。比如，准增员对目前收入不满，你可以引发思考：这份工作一直做下去，在我们持续投入时间和精力的过程中，未来5年后收入会达到多少，10年后会达到多少；这样的收入增长曲线，是不是我们最终想要的结果？如果不是，那我们需不需要改变？不变的结果是什么？改变的效果是什么？

　　这样沟通下来，才会引发对方的思考，为我们接下来给出解决方案，即加入保险行业，做好铺垫。当然这个环节的沟通需要用到逆向思维，而不是你在那里单刀直入地告诉对方："你的收入那么低，不可能一辈子就这样吧，干脆来做保险，收入高……"这种沟通会引发对方的反感和排斥，会习惯地回答"收入高又怎么样，但是不稳定"，从而使聊天陷入僵局，但如果我们用上逆向沟通的思维，效果就会大大不同："最近怎么样，忙吗？"（这里得到的回答基本都是忙死了。除了本身工作可能就忙的人，还有一部分人哪怕天天喝茶看报纸，你问他忙不忙，也会跟你说好忙。这是人性，10个人里有9个人都是这样的回答。）

　　"啊，那应该很累吧？"（多数人内心是喜欢抱怨和诉苦的，当我们问出这句话，其实很容易引发对方的倾诉和宣泄，会和你表达生活和工作的不易，为接下来唤起不安不满埋下伏笔。）"哈哈。没关系，过几年工资就涨了，到时记得请老朋友吃个饭，庆祝一下"（这就叫逆向提问，你越说几年后工资会涨，对方越会说：肯定不会涨的，有的还给你举个例：同一办公室的老王干了十年了，收入也没涨过，当对方说出这些事情的时候，内心的不安不满会自动生成）"哎，我们也别那么悲观，就算不涨，至少你这份工作稳定呀！"（表面上是安慰，实际上只会激发出对方的倾诉欲告诉你：工作稳定有什么用，不过是稳定的穷，你看是不是得到了我们想要达到的沟通效果，成功打到痛点，放大焦虑。比起刚才"收入高又怎么样，但是不稳定"的沟通结果更让人满意。其实，这就是逆向思维的具体使用，我们想要的答案让对方自己说出来。）

"是啊，我理解你，谁愿意过这种一眼望到头，又忙又累的生活呢。"（表示理解，产生共情的时候，再戳一下痛点：一眼望到头、又忙又累）

简单地分享过后，大家有没发现这样的沟通逻辑会更容易让我们与准增员的交流处在一个更好地沟通氛围里，而不是一个拼命想说服对方，一人想拼命反怼对方的尴尬处境。

3.给出解决方法

打中痛点，放大焦虑后，随之而来的就是给解决方法了，这就好比主播这时候该开始带货卖东西了，那我们谈增员卖的是什么呢？卖的就是一次事业机会，针对不同的痛点，为什么这个机会能解决呢？我和大家一一分享：

痛点：收入瓶颈。

解决方案：保险行业收入与付出成正比，多劳多得，上不封顶，没有天花板，不会一眼望到头。

痛点：二次择业。

解决方案：保险是轻创业，无须投入大量本金，没有房租，人力成本等现金流压力，失败无损失。因为你投入的只是时间，成功了自然不多说，就算失败了，你用时间换到了专业知识，以后自己买保险起码不会被骗了，也没白忙一场。

痛点：无法兼顾家庭

解决方案：从事保险行业上班时间自由，工作地点可弹性安排，有大量的时间可以兼顾家庭，可以给到孩子和家庭更多的陪伴。

痛点：对过往工作经历的不满。

解决方案：保险公司晋升透明，同事之间关系简单，没有钩心斗角，没有陪酒应酬。

大家可以看到，针对不同的痛点，选择保险创业都能得到相应的解决，这样才会计准增员看到选择这个行业能给自己带来的改变和行业价值。

4.提升价值

给完解决方案后，才轮到我们讲"公司有多好，团队有多棒，我有多成功"的环节。因为我们要靠价值的输出来吸引对方的加入，我相信这个环节大家都会，我就不赘述了。

但是要提醒大家这个环节放在第四步用，前面的沟通才是关键，就像卖年金，不要一开始就用保险PK银行、股票，要先沟通清楚为什么教育和养老重要，为什么通过保险来解决养老和教育更能达到理想的效果，调频成功后，再推保险，成交才会更加容易。

5.降低门槛

这就是我们常见的促成环节。比如，某个主播勾起了你对商品的兴趣，你会马上产生做决定前的担忧，"这么好的东西应该很贵吧。"主播马上告诉你一句："这么好的东西，今天在我们直播间下单的朋友，3瓶原价168元的产品，在我直播间购买只要98元，直接包邮到家。"消费者一听，原来这么容易就能得到，那就买吧。降低门槛这个环节，其实就是打消对方做决定前的"决策担忧"。

同样的道理，你把保险行业说得这么好，你们公司和团队这么棒，新人也会习惯性的产生担忧：那我能做好，能学会吗？

看到这里你应该就明白以前行业里那句耳熟能详的"简单相信，听话照做"就是这么来的，它是用来打消新人入职前的决策和担忧的。只不过现在时代进步了，进入行业的人员年龄层次、学历层次在不断地更新迭代，"简单相信，听话照做"这8个字已经越来越难打消入职的决策担忧，所以这就要求我们在展示的内容上更新迭代。

比如，我会针对新人入职前的种种担忧，展示我们的团队线上赋能系统。其实面谈的增员足够多了，你会发现新人做保险，无非就三怕，一怕学不会，二怕没人带，三怕做不好。

针对"学不会"，我会向他展示我们的培训体系，有基础知识类、专业沉淀类、销售技巧类、组织发展类等课程，以此告诉他，我们有丰富的培训内容来支撑你在这个行业不断成长。

保险人成长路上的高德地图

内部资料,团队专属

2022 年 3 月 15 日

借力使力不费力

　　如果担心培训课太多太杂，没思路，我会展示我们的新人成长5部曲：前7天学什么知识听什么课，后14天学什么知识听什么课，这些都是有清晰的学习路径。

　　哪些以公司层面的培训为主，哪些以团队层面的培训为主，把整理好的线上系统给准增员展示出来，打消对方的担忧和顾虑。

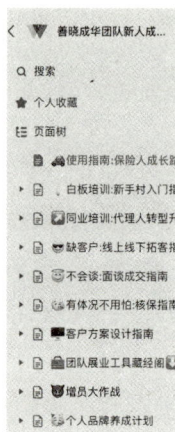

针对准增员"没人带"的担忧，我会向他展示我们的线上新人辅导成长日历。每个入职的伙伴都会建立专属的日历。每天听了什么课，新人都会记录在日历上，我们后台就能时时更新，对不听课的伙伴进行督促，对听错课的伙伴进行提醒。每天邀约了几个客户，面谈了几个客户，在日历上都能体现出来，方便我及时了解大家的活动率，并且在这些展业过程中，遇到什么问题，新人伙伴根据复盘模板整理好后，我也能第一时间给予辅导，大大提升辅导效率的同时，也会让新人看到，他入职后不是一个无人问津放养式的状态。

针对新人"做不好"的担忧，其实当新人看到这套完整的赋能体系后，已经能打消一半的顾虑了，我还会继续展示过往的培训沉淀资料，如健康险销售专题培训、年金险销售专题培训、法商专题培训、个人品牌打造专题培训，让对方看到你们的培训支持，自然能增强入职信心，减少决策成本。

所以大家会发现，"降低门槛"能更快地吸引准增员的入职，表现的形式各有不同，但背后逻辑是相通的。为什么以前经常强调"一无资源，二无人脉"做保险能成功，其实就是在传达我不过是一个普通人，其实你也可以的信息，这叫"降低门槛"。我会向准增员展示我们专业化、职业化的展业工具，比如年金可视化展业工具。准增员看到这些工具后，会觉得卖保险没有想象中那么难，这也叫"降低门槛"。

那么大家请思考一下，你们平时在面谈增员的时候都做过哪些"降低门槛"的准备。如果没有，是不是应该把这块加强起来，别再一个劲地跟别人说："保险很好做的，赶紧来吧"，显然这个是没有说服力的说法。

好了，篇福有限，不能把所有不同的痛点以及准增员画像的沟通逻辑和大家进行一一分享，但是我相信大家看完后，也能建立起一个增员面谈的基本逻辑。以后大家慢慢在实战中不断地优化提升吧。

5

Five

个人品牌崛起的时代，
你的 IP 在哪里

都 2022 年了，我发现很多人做保险，还停留在卖产品的阶段。这种方式是错误且无效的。现在这个时代，大家缺的不是保险产品。因为保险公司太多了，广告打得都满天飞。在客户眼里，每家公司的计划书长得差不多都一个样，而且周围做保险的人也太多了，朋友圈天天被霸屏。这些大家都不缺，大家缺的是时间，缺的是一份你帮他选好的产品，节约他的时间，让他跟着你买买买的信任。

我从进入保险行业时的没资源、没人脉，到一开始的知乎文字类平台、到抖音的短视频平台，无论是线上拓客、增员还是知识付费，基本都踩中了每一次自媒体打造个人品牌的风口，一个野生白板才有机会弯道超车。

而且我不仅在线上打造个人品牌有一定的结果，看我直播的朋友会细心的发现，我在线下做差异化客户服务的时候，也在无时无刻地输出自己的个人品牌。我认为个人品牌的打造绝不仅仅是我们大多数人以为的线上塑造 IP 获取流量，线下同样也是打造个人品牌的主战场。

所以，一定要跟有结果的人学习，结果不会撒谎。在这里我和大家分享三点关于打造个人品牌的心得，这也是我一路走来的经验总结。

打造保险人个人品牌的三大关键

首先我们来分享一下，打造个人品牌的核心是什么。很多人可能第一反应是立人设，毕竟网上都这么说，什么宝妈逆袭，什么破产三次，东山再起，这些常见的人设确实很容易吸引眼球，但是在保险行业可能并不适用。因为保险成交需要的是高信任度，而不是盲从下单的一键投保，所以我认为保险行业里的立人设，更要贵在真实。

　　如果你立起来的人设是虚假包装后的结果，那么是很容易被戳破的，毕竟这个行业圈子是非常小的。而且当你的成就和宣传中的不一致时，其实你也很容易被对方看穿，就好比你明明每个月收入只有几千块，非要拿着PS过后的工资单去吸引增员，对方根据你的语气神态或者知识谈吐，是很容易判断出真伪的，所以人设没有必要过度包装，真实且有力量就完全足够了。

　　什么样的人设是比较有吸引力的呢？和大家分享几个我们团队伙伴的例子，有一个叫作懂保险更懂美食的二胎妈妈，这个人设标签就很不错。一个"懂保险"展示专业度，一个"懂美食"就圈住一帮特定人群的关注，特别是宝妈群体，谁不愿意认识一个会做饭的朋友啊？经常会有同小区的妈妈来问她孩子的辅食怎么做。今天家里要给宝宝做爱心蛋糕刚好缺点小苏打，再来找她借点，一来二往和大家的信任度黏度都提高了，最后还有一个标签是"二胎妈妈"，你看还可以得到同样是二胎妈妈的喜欢。人都喜欢和自己有类似经历的人，同时也说明她育儿经验丰富，宝妈们不知道哪家妇幼保健院环境好，哪个月嫂比较靠谱都可以向她请教，所以这样的一个人设标签帮她吸引了很多客户，既展示了专业也输出了价值，而且也非常真实不浮夸。所以她把这个人设标签就做到了她的微信签名上，公众号的简介上，包括给客户出的每一份计划书，递送合同的保险封面上，时刻的输出，久而久之口碑就积累起来了，在客户脑海里也形成了记忆点，这就是一个成功的立人设。

再比如还有个团队伙伴，他的人设标签是从三甲医院到保险经纪人，这个人设就特别鲜明，大家一看就记住了：原来他以前是某某三甲医院的医生。客户心里会产生很多的信息，有医学背景，那肯定在对产品的解读上更专业，在理赔时能帮上忙，而且过往还有医院的同事，以后要做个检查，还说不定能帮上忙。

你看，这就是我们说的，展示价值留下记忆点。后来我又给了他一个建议，将标签改成"比我懂医学的没我懂保险，比我懂保险的没我懂医学"，形成一个对比反差，这样的人设也挺有意思的。所以大家自己在思考个人品牌的打造上，第一步应该去想怎样立好自己的人设，刚才的例子可以作为参考，但背后的逻辑无非以下三点：

1.真实的过往经历加分和背书。

2.有记忆点，具有辨识度，不超过两句话，太复杂真没人记得住。

3.核心的关键是对方看到后可以判断从你身上能够得到的价值。

如果说刚才讲的人设打造必须要"闪闪发光"，还有一个关键要具有"不可替代性"。什么意思呢，如果你这个人设标签放在任何人的身上都能用，那么它在对方心里其实是很容易被忘掉，因为可替代性太强了。比如"专业的保险规划师"，这种人设是没有任何亮点的，听完，左耳朵进，右耳朵出。

我之前有一个团队伙伴，学历普通，过往经历也没有什么好用来加分和背书的地方。我给到他一个建议，换个思路，哪怕不够闪光，只要能做到不可替代，其实也能获得客户的信任。我建议他叫作"来自保险超人家族的大超"，什么意思呢？因为他家里爸爸、妈妈都做过保险，所以我借用超人总动员里的人物关系，帮他设定了一个子承父业做保险的形象，这种人设是很容易得到客户信任的。

你想一家子人都在做保险，那绝对是对保险事业极致认同的。要觉得保险只是用来挣快钱的，谁会把孩子也弄进来做这个行业。儿子哪天要真不做了，爸妈做了几十年，服务依然能跟上，把我的保单交给他其实就是交给一个保险世家，没问题的，我放心。所以他后来只要展业时做三讲的时候都会说，他们家爸爸做保险，妈妈做保险，父母也让他来做保险，是因为认同这个行业，准备再干一百年，自己老了以后如果不能服务客户了，就让儿子来，儿子老了就让孙子来，还要代代相传，做成保险世家。说实话我要是客户听了都感动，都选他。因为别的业务员一定说不出来这样的话，做别人想不到、做不到的事，这就叫不可替代。所以大家会发现，有时换个思路，你的个人品牌标签也能做得起来，不一定你的过往要多优秀，只要你能发现你身上那个可以放大的点和不可替代的点。

最后一个关键，就是一定要想清楚怎么把你的个人品牌传播出去，提高它的传播度，就好比名片做好了，怎么才能把这么精美的名片递到客户手上，这就是关键。不然你个人品牌设计得再好也传播不出去，效果也是0。广告牌设计得再漂亮，连个摆放的地儿都找不到，那不等于白做了吗？和大家分享几个我们常用的做法：

1.把个人品牌故事植入你的三讲里，逢人便讲

有时我们见完一个客户激情澎湃地讲了1小时，可能客户回家连你的名字都没记住。但只要他还记得你做保险之前是一个三甲医院的医生，那么这次的传播就是成功的。

2.找到适合传播的载体

比如，印在名片上是最简单的，如果有看过我直播间的朋友，会发现我们给客户递送保单时，在他们的合同上会贴上我们特定的个人IP贴纸，上面会打印我们的头像，联系方式，业务范围，更重要的是写上我们的个人品牌标签。

　　再比如"懂保险更懂美食的二胎妈妈"，那每送一份合同，其实就是一次曝光。当别人看到我们老客户合同的时候，看到上面的贴纸，我们就完成了一次个人广告的传播，过几年客户翻出保单，看到保单上的贴纸时，我们和客户的黏度会二次强化，就算退一万步来说，哪天客户"移情别恋"想准备找其他业务员买的时候，翻到在你这买的每一个合同，看到上面都贴着你的贴纸，一个一个撕下来真麻烦，说不定嫌浪费时间都懒得换人了，帮你挽回客户都还能有一丝希望。包括我们平时在给送客户的伴手礼，日历、相册、杯子等礼物的上面，能贴上的地方都可以贴上，曝光的场合和频次多了，自然就能给人留下深刻印象。

　　这些是我们说的线下打造个人品牌可以去做的小细节，那么线上就更多了。比如，我会鼓励我们每个团队伙伴入职后参考团队的公众号模板，写一篇自己的官宣文章，看上去既正式又会让客户觉得你跟别的业务员不一样，刚加上好友时就把三讲文章链接发过去，这样给客户的体验感和其他业务员是完全不一样的，这些都是新媒体时代我们必须掌握的工具。如果有朋友实在不会写，怎么也写不出来怎么办，那就退一步，做成电子海报图片，这样也就可以在微信上随时发出来了。当然在设计上要凸显设计感，要使图片看上去高大上才行，在淘宝上花几十元随便制作的肯定拿不出手。

如果有的伙伴镜头表现力比较强的话，那么我还会建议你拍摄一个官宣小视频。像我自己带团体，每半年都会组织大家进行集中的"三讲"视频拍摄，反正团队帮大家把文案框架都搭好了，还有高大上的视频封面，换上自己的故事和标签就可以拍了，发在视频号里收藏

起来，做三讲的时候发过去，就变成了自己的自媒体名片。

　　由于视频宣传比文字类宣传传递的信息会更加真实直观，这样就会给人更加高大上的感觉，同时老客户想帮你做转介绍的话，转发视频就可以了，操作也方便，比起他平时随口一说的推荐，前者的转介绍成功率肯定会更高。

　　大家可以发现，这些其实都是很好的打造个人品牌的传播渠道，我们一定要善

于利用。如果有的朋友觉得线上打造个人品牌，对自己而言很陌生，不会弄，那就更应该做起来。做大多数同行都不会做的事，这不是机会是什么。如果确实你对打造线上个人品牌不感兴趣，那我们至少可以把线下的那一套做起来，比如我之前讲的《温馨提示函》《个人IP贴纸》让服务可视化，个人品牌形成记忆点，这些都是我们和同行拉开差距的地方。

好风凭借力，个人品牌赋能成交和增员

　　无论是成交还是增员，信任的取得非常重要，如何快速建立信任，树立权威感，个人品牌的背书在这个环节会起到非常大的作用。

　　我之前在直播间和大家分享过很多次怎么利用《温馨提示函》去成交新客户，表面上看厉害的点在于销售的技巧和沟通的逻辑，但背后能够签单的深层次的原因还是利用个人品牌的输出，给客户一个非你不可的理由，今天和大家再次分享一下成交背后的逻辑，如果大家能够学会举一反三，其实很多场合都能够适用。

在面谈新客户的时候，我们把设计好的温馨提示函打印出来放在客户面前，当其他业务员还在空着手见客户的时候，你拿着这套专业的展业工具，第一印象首先就会加分，这是专业化、职业化的体现，接着向客户翻开介绍提示函，上面写清我们的服务范围，标准化服务流程，还有理赔时客户需要注意的事项等，当你逐条给客户演示完后，能让客户看到你服务的用心、专业，毕竟可视化的展示比把"我有服务"停留在嘴上更具说服力，关键是听完你的讲解后，他在出去找其他业务员了解比较的时候问道："昨天我见了某某公司的业务员，他说我在他那里买了保险，会送我一份温馨提示函，如果在你这里买，你也会送吗？"大多数业务员听完过后都是一脸疑惑："这是什么，我不知道。"

我想问客户最后会找谁买，一定是你。因为你让他清楚地知道找你买他将得到什么，找别人买他将失去什么。这比起你一见面就和客户讲产品，展示所谓的"专业"，效果要好上百倍，让客户了解找你和不找你买的利弊才是背后影响成交的关键。因为个人品牌帮你建立起了客户对你的信任，你有的别人没有，你做了别人没做，客户就会给你加分。

大家都知道谈客户、做销售大数法则很重要，不可能保证每个客户都能百分之百成功，有些因素是我们无法掌控和改变的。比如，你和客户今天见面聊完保险后，你无法控制对方见完你就不再去找其他的保险业务员了解，毕竟货比三家是人的天性，这是我们不能改变的。但我们能够做到的是，在这个客户面前展示完我的温馨提示函，体现出个人品牌后，客户再去找其他业务员了解时，我们就可以把对手顺利PK下去了。所以在做销售的过程中，我们要正确看待无法改变的事情。如果遇到能够改变和提升的事情，我们一定要做到尽力而为。

同样的道理，我们写公众号、拍短视频后火不火其实真的不重要，重要的是你要去做。你想，当客户接触到两个业务员的时候，一个业务员有公众号和短视频，上面记录了保险怎么买的科普视频和为什么做保险的从业经历，另一个业务员两手空空或者只知道递上一张绝对没人看的名片，你说客户心中信任的天平会倾向于哪边？

他肯定会觉得你更值得信任，哪怕你拍的视频，他都没点进去看过，但看到你持续的更新了这么多期，也会看到你背后的坚持，这是一个把保险当事业在做的业务员，信任感自然就增加了。所以为什么我们一定要去做个人品牌，因为它能够助力成交，它就是在帮你做一个信任的加持和背书。

包括很多客户来找我咨询保险，他看到我的抖音，上面有多少多少粉丝，看到我在支付宝保险频道上还讲过保险怎么买的视频，它会形成一个权威效应，他觉得你说什么都是对的，不会提出返佣，不会存在各家产品中比来比去的问题了。这就是为什么有人和客户线下没有见面，却依然能线上签单，因为它有个人品牌的线上背书，不用非得线下约出来做三讲建立信任。

同样，增员也是一样的道理，刚开始我谈增员的时候还会带上工资条，现在很多年都没用过了，因为他们看完你的文章，视频，了解到你的过往经历和荣誉，天然的信任度和权威感已经建立了。这样大家彼此了解，沟通起来比较方便，也更加的有效率。

如果新人担心你的能力，你短视频、公众号上沉淀的文章可以让他看到你过往的业绩和结果。如果新人担心你的培训和辅导，你自媒体上的课程或者抖音直播间的干货输出，让他听完后也能打消他的担忧和顾虑，如果新人不了解你的团队氛围和培训体系，你自媒体上过往团队的年会团建可以让他提前了解和感受，你线上的新人入门成长指南可以让他提前了解入职后的学习和成长路径。

其实大家会发现这些在个人品牌沉淀下来的内容，就好比是你打造出来的一张丰富的电子名片，可以让对方更快更立体地了解你，信任的建立会更加的容易，沟通的效率也会大大提升。所以大家可以看到，随着个人品牌的沉淀和积累，无论对于我们的签单还是增员都能起到加分的作用。

渠道之争，未来个人品牌的战场在线上还是线下

　　既然个人品牌的打造如此重要，我们应该去哪里打造才会有更多的机会？有人说线上红利期已过，回归线下才是未来，也有人把精力重心全部放在了线上经营。作为一个线下线上同时都在经营，一路摸爬滚打过来的人，今天在这里和大家分享我的三点看法。

1.线上个人品牌打造为什么必须去做

大家有没有感觉到现在保险越来越难做了，以前客户跑勤一点，嘴甜一点，业绩也还不错。现在的客户天天刷抖音都快刷成半个专家了，还拿着有些大V的科普视频来考你，为什么会这样，因为有了互联网。

就好比你原本开了一家面包店，周围一公里只有你这一家店，所以你的生意还不错。但现在有了互联网，全国各地的面包商家都可以把面包卖给你的客户。而你作为一个线下的纯实体店商家，依然只能卖给周围一公里的客户，所以你的生意必然会越来越差。因为周围一公里的客户是有限的，全国的商家都过来抢你的生意，而你抢不到别人的生意。生意能不凉吗？

以前你在自己小区做客户，遇到的对手可能也就一两个。不是A公司的业务员就是B公司的业务员，PK一下产品就差不多了，但现在网上的保险大V通过手机端无孔不入的都跑来抢你小区的客户了，可能是一篇文章，可能是一条视频，蛋糕就那么一小块，被分的越来越少，你当然越来越难做了。

对手越来越多，蛋糕越来越少，而且市场的渠道也发生了变化，以前有的伙伴会去小区门口发传单，上门陌拜，但现在可能连小区大门都进不了，市场拓客渠道变了，我们的展业方式不能一成不变。生意的本质就是买和卖，买和卖之前就需要渠道，所以有句话叫渠道为王。为什么以前买商铺选旺铺，因为人多，人流量大，比二楼三楼店铺曝光率高，大家都知道渠道为王，它是流量中心。现在的人天天注意力都放在手机上，如果你的生意做不到手机上去，那去哪里找客户呢？

小区门口卖菜的大姐，以前就是摆个摊，在这里等客户上门，像不像我们做完一个客户苦苦等着下一个转介绍的样子，怎么看怎么像看天吃饭。但现在，别人都玩社区生鲜，玩社区团购去了。所以各行各业都在转型变化，而我们还是一来主管就让你写100个名单挨个打电话，做完这个客户，还不知道下一个在哪，苦等转介绍，说白了就是看天吃饭，还是停留在保险行业的石器时代。

所以线上打造个人品牌一定值得大家去做，做得好，这里会变成你拓客和增员的优质渠道。实在没做起来也没关系，就像我跟团队新人说的，就算做了没火，但你在拍视频，写文案的过程中，你的专业能力是有提升的，你的表达沟通能力也是有提升的，而且积累了经验，下一个风口到来的时候，你也能迎风赶上，所有的付出和努力都不会白忙一场，但如果你永远不做，就一定没机会。

而且目前大多数同行还不会做，或者刚刚着手做，你如果跑在前面，机会自然都是你的。大家可以看我抖音2018年拍的内容，文案差演技差，哪里像现在用什么上热门的技巧和文案。但为什么还是条条火？因为那个时候做的人少，都觉得这个低端，想当旁观者，红海市场进去的都是尸体，蓝海市场只要你跑得快，伸手就是机会。

2.线上做个人品牌还有多少的窗口期

有朋友可能会觉得现在来做线上个人品牌过了最好的窗口期。比如，新开的公众号已经没有留言功能了，做了也很难火。随着行业互联网新规的发布，抖音上以前"给孩子买的保险超过1000块，那你就是被坑了"这种靠搏眼球，吸粉引流后通过卖互联网线上产品的玩法也走不通了，所以现在来做会不会太晚了？

其实这一点我是持保留意见的，最开始2021年的时候我也有过类似的观点，但后来发现这一年，抖音上还是出了很多保险行业的新号，而且起号的速度非常快，一两个月就火了，所以对新人来说其实还是有机会的。包括我周围也有几个同事通过小红书的运营达成了COT（优秀会员）业绩目标，业绩都做得非常好，毕竟这个市场蛋糕它那么大，只不过是我们内容输出的方式必须进行实时调整，而不能还像之前那样拿个手机就开录，还在那里讲什么"重疾险和医疗险的关系是什么"这种烂大街式的选题，这就不可能有上热门得到曝光的机会。因为平台规则和流量重心时刻都在变化和调整，那我们的内容、选题和定位也必须随之调整。

所以在线上自媒体的运营上，我们可能大多数人犯的错误还是停留在想得太多，做得太少。很多事情只有你自己去做了，根据实战中遇到的情况及时调整，才可能有机会，而不是什么都不做，给自己找一堆不做的理由。

3.未来的行业之路绝不是纯线上，也不是纯线下

如果说纯做线下是在原地踏步走老路，那是不是未来只做线上才有出路，当然也不是。因为线上客户信任度低，件均小，二次开发空问少，只做纯线上业务，业绩不具备可持续和稳定性，而且线上客户大多是价格敏感型客户，为了买一个网红产品而在你这里成交，但不一定能看到你的专业价值，所以大多是一锤子买卖。

而且线上客户的经营还需要大量流量下的筛选，以

及对保险顾问的销售成交技能有更高的要求，不然你现在面对面的客户都谈不下来，难道还指望能够签下线上素未谋面的网络客户吗？所以我不太建议新人前期将太多的时间和精力全放在线上，前期线下积累经验提升技能，后期线上拓客引流打造品牌，这会适合更多朋友在这个行业的顺利成长。

所以我认为未来的保险业务员一定是线上线下一起做，两手抓两手硬。线上做个人品牌影响力，为线下签单增员时背书和加分。线上引流提前做好客户筛选，再通过线下的客户经营来维护好那些值得深耕的客户。

后记

P o s t s c r i p t

近两年行业人力下滑，大家纷纷感慨市场越来越难做，普遍存在怀疑自己还能坚持多久的想法。我在这里最后和大家分享一句话，想干好保险没有任何一条捷径，这比我接下来讲的事更重要——只要不下牌桌，你就永远有机会。

2006年我开始做保险，没团队没辅导，本来人脉就差，单子还被谈飞了一个又一个，如果选择放弃，第一集都活不过；2018年我在抖音拍视频拓客，文案差演技差，拍一晚上没两个赞，如果选择放弃，纯靠线下业绩，3个月永远达不成 COT（优秀会员）保费标准；2020年我换了家公司，续佣中断，团队散了一切都要从头再来，如果选择放弃，后来不可能半年内重新拉起一支 60 人的全国团队。

大家真的以为在这个行业拉开同行之间收入差距的是专业吗？学学产品看看条款，这是后天只要你愿意努力就能习得的技能，你对行业机会的判断和把握才是关键，它靠的是人生前几十年的认知积累。

那些天天叫着"行业寒冬干不下去"的人怎么不想想，重疾新规 1 月就把市场透支得差不多了，结果他还是只会卖健康险，他不"过冬"谁"过冬"？但有的朋友及时转型，一边提升年金、增额寿的销售能力，一边着手打造个人品牌，那些做得好的依然日子过得不错。

悲观者永远正确，乐观者永远成功，我们不要动不动就怪客户没保险意识，怪自家公司产品太差。2022 新的一年，市场只会有更多机会。因为蛋糕就那么一块，低端没有附加值的业务员被行业寒冬熬出局了，分到你手上的自然不就多了吗？但前提是你在想放弃之前，一定记得提醒自己这 4 个字：不下牌桌。

我是邓华，很开心通过这本书，认识你。